Was hat uns die EU überhaupt gebracht außer Ärger? DIE OFFE-
NEN GRENZEN. Okay, aber abgesehen von den offenen Grenzen?
DEN STÄRKSTEN BINNENMARKT DER WELT. Schon klar, aber
sonst? DEN GEMEINSAMEN EURO. Also, jetzt mal abgesehen von
den offenen Grenzen, dem stärksten Binnenmarkt der Welt und
dem Euro, hat sie uns irgendwas ...? DEN LÄNGSTEN FRIEDEN,
DEN ES BEI UNS JEMALS GAB. Na gut, die EU hat uns die offenen
Grenzen gebracht, den stärksten Binnenmarkt der Welt, den Euro
und den längsten Frieden, den es bei uns jemals gab. Aber sonst?
Nichts als Ärger!*

Sebastian Schnoy hat das pessimistische Gerede über die EU-
Krise satt und sucht das Gute und Verbindende der Geschichte
Europas. Was konnte man wann von wem lernen? Cäsar hätte niemals daran gedacht, die Wasserwerke Roms an einen Hedgefonds
zu verkaufen, Wikinger kannten keine Probleme mit der Rentenkasse, Briten pflegten schon im Mittelalter Blind Dates und Bildbearbeitung, Franzosen erhoben Schönheit zum Regierungspro-
gramm, und ein Berliner erfand 1900 den Wecker, der einen nur
weckt, wenn draußen schönes Wetter ist.

Sebastian Schnoy, Jg. 1969, lebt in Hamburg. Nach dem Studium
der Geschichte wurde er Kabarettist und gilt heute als Deutschlands unterhaltsamster Historiker. Seine Bücher «Smørrebrød in
Napoli» (2009, rororo 62449) und «Heimat ist, was man vermisst»
(2010, rororo 62647) avancierten zu Bestsellern. Momentan ist er
mit einem Kabarettprogramm auf Bühnentournee. Es heißt ebenfalls «Von Napoleon lernen, wie man sich vorm Abwasch drückt».
Termine und Orte finden Sie unter: www.schnoy.de

* Frei nach Monty Pythons «Das Leben des Brian».

Sebastian Schnoy

Von Napoleon lernen, wie man sich vorm Abwasch drückt

EINE HEITERE HISTORIE EUROPAS

Rowohlt Taschenbuch Verlag

Das erste
Geschichtsbuch
ohne Kriege

3. Auflage August 2013

Originalausgabe
Veröffentlicht im Rowohlt Taschenbuch Verlag,
Reinbek bei Hamburg, Juni 2013
Copyright © 2013 by Rowohlt Verlag GmbH,
Reinbek bei Hamburg
Umschlaggestaltung ZERO Werbeagentur, München
(Foto-/Illustrationsnachweis: Martin Haake/2 agenten)
Innengestaltung Daniel Sauthoff
Satz Abril PostScript (InDesign) bei
Pinkuin Satz und Datentechnik, Berlin
Druck und Bindung Druckerei C. H. Beck, Nördlingen
Printed in Germany
ISBN 978 3 499 63017 0

Der Historiker ist ein Reporter,
der überall dort nicht dabei war,
wo etwas passiert ist.

WILLIAM SOMERSET MAUGHAM

Inhalt

Als Europa noch verliebt war

Man muss sein Herz
über die Hürde werfen.
HELMUT SCHMIDT

Man sagt, das Paradies sei da, wo die Polizisten Briten sind, die Mechaniker Deutsche, die Köche Franzosen, die Liebhaber Italiener und alles von den Schweizern organisiert wird. Und die Hölle sei dort, wo die Köche Briten sind, die Polizisten Deutsche, die Mechaniker Franzosen, die Liebhaber Schweizer und alles von den Italienern organisiert wird.

Heute scheint unser guter, alter Kontinent eher auf dem Weg in die Hölle zu sein. Und wie sieht es speziell bei uns Deutschen aus? Hat nicht auch unser Abstieg längst begonnen? Schauen wir doch mal genauer hin: 1450 hat Gutenberg den Buchdruck mit beweglichen Lettern erfunden – eine Glanzleistung, denn bis dahin mussten nahezu alle Bücher mühselig mit der Hand abgeschrieben werden. Nur fünfhundert Jahre später führt ein anderer Guttenberg das Abschreiben wieder ein.

Und: Wir Deutschen sterben langsam, aber sicher aus. Inzwischen stellen Luxemburger und Chinesen zusammengerechnet ein Viertel der Weltbevölkerung! Mit dieser Zahl schreckt der luxemburgische Premierminister Jean-Claude

Juncker gerne seine Zuhörer auf, wenn diese der Meinung sind, sein Land sei ein sehr kleines Land, auf dessen Vertreter man nicht hören müsse. Was die Größe angeht, stimmt das natürlich. Juncker hat, streng genommen, weniger Untertanen als der Hamburger Bürgermeister. Aber man kann die Dinge eben auch anders sehen und damit am Ende vielleicht sogar mehr vom Wahren, Guten und Schönen entdecken.

Wussten Sie zum Beispiel, dass Deutschland in seiner Geschichte bereits sieben Mal bankrott war und Griechenland erst fünf Mal? Die haben also noch zwei Mal gut!

Die gängige Meinung, die man momentan allerorten über Europa hören kann – hier fleißige Deutsche, dort faule Griechen, wehleidige Italiener, konsumsüchtige Spanier und besoffene Iren –, ist mit einem Blick in die Geschichte plötzlich gar nicht mehr so belastbar. Gerade die oft gescholtenen Südeuropäer hatten schon vor mehreren tausend Jahren eine Hochkultur mit Verkehrsstaus, Parkverboten, Fußbodenheizungen und Blind Dates – zu einem Zeitpunkt also, zu dem man aus unseren Eichenwäldern lediglich das Grunzen unserer Urururgroßväter hörte, die sich gegenseitig die Schädel einschlugen. Wenn man ganz genau hinhört, grunzen einige von uns noch immer – aber das ist ein anderes Thema. Fest steht: Unsere germanischen Vorfahren haben in Europa einst als Barbaren angefangen und dann auf Banausen umgeschult. Dass sie in Schlachten mitunter nackt auf ihre Gegner zustürmten, hat diese sehr verstört. Wer an einem FKK-Strand schon mal gesehen hat, wie ein älterer Herr am Volleyballnetz hochspringt, wird das nachvollziehen können. Da erhält das Wort «Fliehkraft» ganz neue Dimensionen. Auch die Römer sind angesichts dieses Schreckens stets geflohen.

Von den banausenhaften Germanen damals bis zum deutschen Exportweltmeister im Maschinenbau heute war es ein sehr weiter Weg – das sollten wir uns immer vor Augen halten, wenn wir mal wieder abschätzig über unsere europäischen Nachbarn urteilen. Aber Vorurteile sind für ihre Besitzer natürlich ausgesprochen komfortabel und nur schwer abzubauen. Albert Einstein kommentierte das einmal so: «Es ist schwieriger, eine vorgefasste Meinung zu zertrümmern als ein Atom.» Ein solches Vorurteil lautet: Italiener sind verschwendungssüchtig – nicht zuletzt haben sie das teuerste Parlament Europas. Dabei ist der neue Präsident, Giorgio Napolitano, schon 87 Jahre alt. Wenn der mal später eine lebenslange Präsidentenrente bekommt, dann ist das um einiges ökonomischer als bei uns in Deutschland! Wir sollten also besser nach Informationen Ausschau halten, die unsere Meinung zertrümmern können. Allein das relativiert sie und macht sie damit ausgewogener. Dafür lohnt sich auch immer ein Blick in die Vergangenheit.

Eigentlich sind ja Historiker für die Erforschung unserer Geschichte zuständig, aber allzu großen Respekt braucht man nicht vor ihnen zu haben. Das fand auch der britische Schriftsteller William Somerset Maugham, als er ätzte: «Der Historiker ist ein Reporter, der überall dort nicht dabei war, wo etwas passiert ist.» «Geschichte» ist nichts weiter als eine Sammlung von Geschichten, die erzählt werden. Warum machen wir uns also nicht selbst auf die Suche nach diesen Geschichten? Und versuchen, die wirklich spannenden unter ihnen zu finden? Mein Wunsch ist es, dass Sie im Laufe des Buches zum History-Fan werden, zum Hobbyforscher.

Zugegeben, das klingt jetzt vielleicht ein bisschen nach dem Arzt, der versucht, Ihnen die Spritze schmackhaft zu machen:

«Nur ein ganz kleiner Piks, macht gesund, schon vorbei!» Ich weiß, dass «Geschichte» ein schlechtes Image hat, ein staubiges: Als ich in Hamburg einmal in eine Straße zog, in der gleich mehrere Geschichtslehrer wohnten, färbte deren Image mit der Zeit auf mich ab. Eines Morgens, als ich meinen Kapuzenpullover anzog, musste ich feststellen, dass er sich in ein Tweedsakko mit Lederellenbogen verwandelt hatte.

Ich weiß, viele haben in der Schule Geschichte und das mit ihr häufig verbundene Auswendiglernen von Jahreszahlen gehasst. Bei mir war das nicht anders. 333? Wenn man bei dieser Zahl keine hektischen Zuckungen bekommt, ist die Ausgangslage gut. Wer bei 333 in Gedanken sofort «Bei Issos Keilerei» schreit, hat wahrscheinlich Abitur und musste sich in quälenden Stunden mit einer von mehreren tausend Schlachten der Antike beschäftigen. Bleibt nur die Frage: Wozu? Wenn man einen Krieg verstanden hat, versteht man alle, denn sie laufen immer nach demselben, furchtbaren Muster ab. Dieses Muster, und die Umstände, die zu Kriegen führen können, sollte man sich zwar genau anschauen, um die Mechanismen dahinter zu erkennen und sie zukünftig vielleicht vermeiden zu lernen. Doch vergessen wir darüber nicht die guten Seiten der Menschheitsgeschichte – vor allem jetzt nicht, wo wir uns überwiegend mit Krise und finanziellem Untergang beschäftigen, wenn es um unsere Nachbarn geht.

Deshalb widme ich mich lieber den Erkenntnissen, die uns beflügeln, von denen wir Gutes lernen und über die wir vielleicht auch lachen können. Das ist ebenso einfach wie aufregend, wenn man sich die folgenden Prämissen zu Herzen nimmt:

1. Jeder kann Historiker werden. Einige der besten His-

toriker, mit den lichtesten Beobachtungen, waren gar keine studierten Historiker.

2. Die Weltgeschichte wird viel sympathischer, wenn man die Kriege einfach mal beiseitelässt. Und es ist sinnvoll, es zu tun, um den Blick für das große Ganze zu öffnen.

3. Jahreszahlen sind überflüssig. Selbst heute weiß niemand genau, in welchem Jahr wir uns eigentlich befinden.

4. History helps! Das Wissen um ihre eigene Geschichte bringt die Menschheit weiter. So verhinderte eine kleine Historikerin einmal den Dritten Weltkrieg. Wie? Mit einem Buch.

Wären alle Nationen Europas Schüler einer Klasse, bekämen wir Deutschen heute beste Noten und säßen in der ersten Reihe, zwischen den Schweden, den Dänen und den Holländern. Derweil flögen aus der letzten Reihe Wurfgeschosse auf uns Streber, abgeworfen von italienischen und griechischen Mitschülern, deren Versetzung höchst gefährdet wäre. «Nehmt euch ein Beispiel an Michel hier vorne!», würde die Lehrerin nach hinten schreien, «und wehe, ihr macht noch mal Feuer unter den Tischen!»

Lange Zeit jedoch hätte das Szenario mit umgekehrten Vorzeichen stattgefunden. Vor dreitausend Jahren hießen die Streber in den ersten Reihen noch Julius, Archimedes und Platon. An der Tafel stand der kleine Pythagoras und dachte sich Formeln aus, die wir heute noch lernen. Die letzte Reihe war damals *unser* Stammplatz. Als die anderen schon fließend schreiben konnten, brauchten wir noch tausend Jahre bis zum ersten leserlichen Buchstaben. Dafür haben wir Julius auf dem Schulhof so verkloppt, dass er uns die Kontrolle über den nördlichen Teil (Germanien) zugesichert hat. Und als die Macht der römischen Clique endlich gebrochen war, haben wir die Schule in Brand gesteckt. Im Teenager-Alter (Mittelalter) lebten wir in ihren Ruinen und wurden Mitglieder einer christlichen Sekte. Wir haben im Vergleich zu anderen Völkern wahrlich spät unseren Schulabschluss gemacht und studiert. Zwei Versuche, die Welt zu erobern, scheiterten – glücklicherweise. Seitdem sind wir ausgesprochen brav, fleißig und sparsam. Wir erfanden die Glühbirne, den Dieselmotor und Aspirin. Jetzt sind alle stolz auf uns.

Wieso geht es in Geschichtsbüchern eigentlich so oft um Kriege? Fast bekommt man den Eindruck, es hätten immer irgendwo Kriege stattgefunden. Es gibt eine Reihe von fragwürdigen Umständen, warum das so ist. Dazu gehört die Tatsache, dass Historiker früher von Königshäusern oder anderen Despoten beschäftigt worden sind, dementsprechend großartig fiel die Geschichte der Heldentaten ihrer Arbeitgeber in irgendwelchen Schlachten aus: Wes' Brot ich ess, des' Lied ich sing.

Wenn von vielen Tausenden kämpfenden Männern die Rede ist, von grandiosen Siegen, und Archäologen später nur ein Dutzend Schwerter ausgraben können, kann da etwas nicht stimmen. Trotzdem sind die Aufzeichnungen dieser Historiker bis heute oft die einzige uns verfügbare Quelle, und so orientieren sich auch aktuelle Geschichtsbücher an den Schlachten und Kriegen, ohne dass man erfährt, was die Leute gegessen, wie sie gewohnt und welche Spiele sie gespielt haben. Diese sogenannte Alltagsgeschichte ist erst in den 1980er Jahren in den Fokus der Historiker gerückt. Vorher war man der Meinung, das normale Alltagsleben der Menschen sei irrelevant.

Aber wieso gibt es noch heute die obsessive Fixierung von Historikern auf Kriegsschauplätze? Natürlich ist es unendlich traurig, wenn Menschen sterben. Meiner Ansicht nach werden Wissenschaftler aber auch von einer gewissen Sensationslust getrieben. Kriege sind packende Dramen. Bad news are good news, sagen Journalisten, schlechte Nachrichten sind gute Nachrichten, denn sie werden mehr gelesen. Hätte man in hundert Jahren nur die Zeitungen als Quelle über unser heutiges Leben, würden die Menschen zu der Auffassung kommen, dass wir Deutschen in einer schrecklichen Zeit gelebt haben müssen, in der es ausschließlich Greise und keine Kinder mehr gab, dazu explodierende Finanzmärkte, verseuchte Lebensmittel und Fernsehsendungen, in denen Menschen Melodien furzen.

Gerade Letzteres ist wirklich erschreckend, und deshalb habe ich seit zwei Jahren keinen Fernseher mehr. Es ist so schön, wie viel man dann lesen kann! Nein, im Ernst, die dokumentierten Ereignisse verzerren die Wirklichkeit. Wer erfasst schon unsere Radtouren entlang von Elbe oder Rhein? Das Glück der Menschen, die Drachen steigen lassen, mit Freunden gemeinsam kochen, die tanzen gehen oder einen Sport wie Gummistiefelweitwurf betreiben? Alles viel zu belanglos für die meisten Historiker. Was in Erinnerung bleiben wird, sind die Katastrophen. Das war schon immer so. Was war das berühmteste Kreuzfahrtschiff der Welt? Die Titanic. Der berühmteste Turm der Welt? Der schiefe aus Pisa.

Im letzten Sommer lernte ich in Großbritannien Reisende aus Mexiko kennen. Ich konnte nicht anders, schon mit meiner zweiten Frage erkundigte ich mich nach dem Drogenkrieg – das Einzige, worüber hierzulande berichtet wird, wenn es um Mexiko geht. Zum Glück klärten mich meine Mitreisenden freundlich auf: Die problematischen Regionen lägen ganz woanders, dicht an der Grenze zu den USA, sie hingegen lebten in der Hauptstadt, ohne Probleme. Ach so. Man kann in Mexiko leben, ohne in eine Schießerei verfeindeter Drogenkartelle zu geraten? Das ahnte ich nicht.

Bei Teheran denken wir sofort an Steinigungen, bei Afghanistan an Selbstmordattentäter, bei Afrika an einen ganzen Kontinent voller Aids und Armut. Doch der größte Teil der Menschen in diesen Teilen der Welt haben alle einen Alltag jenseits oder auch trotz dieser Themen. Und selbst wenn man sich mit der größten anzunehmenden Katastrophe, dem Krieg, befassen will, lernen wir kaum etwas über ihn, da auch dann der Fokus meist auf den Entscheidungen und Verlautbarungen der Machthaber liegt. Nicht so bei der Kriegsreporterin Janine de Giovanni; sie stellt die wichtige Frage, die beim Kriegsausbruch selten von Historikern beachtet wird: Wie fühlt es sich für den einzelnen Menschen an, wenn ein Krieg ausbricht? Woher weiß man, es ist an der Zeit, die Koffer zu packen und zu gehen? Denn selbst ein Krieg ist für den Einzelnen ein Ereignis, das vor dem Hintergrund des eigenen Alltags stattfindet. «Deutschland hat Russland den Krieg erklärt – nachmittags Schwimmschule», schrieb Franz Kafka schon 1914 in sein Tagebuch. Krieg im gleichen Atemzug mit dem Schwimmkurs zu nennen ist aus unserer heutigen Sicht verwunderlich, fast ungeheuerlich – aber genau darum geht es. Wie sein Leben angesichts des Krieges weiterführen, wie weiterhin wandern gehen, Gitarre lernen, seine jüdische Freundin treffen?

Viele scheuen sich in die Geschichte einzutauchen, weil sie annehmen, sie sei nur eine Aneinanderreihung von Kriegen und Gräueltaten. Aber diese Annahme ist falsch. Der Planet, auf dem wir es uns gemütlich gemacht haben, ist rund fünf Milliarden Jahre alt, und die allerlängste Zeit herrschte himmlischer Frieden. Die Kriege kamen erst mit den Menschen.

Gut, wer zu Beginn des Dreißigjährigen Krieges geboren wurde und nur dreißig Jahre alt geworden ist, der hat wirklich Pech gehabt. Aber auch nur, wenn er in deutschen Landen lebte: Der Rest der Welt bekam von dem Gemetzel nichts mit.

Aber spätestens im 20. Jahrhundert herrschte doch ständig Krieg, oder? Tatsächlich: In diesem Jahrhundert kamen mehr Menschen in Kriegen um als je zuvor. Und trotzdem. Der amerikanische Psychologe Steven Pinker hat unter dem Titel «The better angels of our nature. Why violence has declined» (im Deutschen unter dem weniger treffenden Titel «Gewalt» erschienen) ein hoffnungsvolles Buch geschrieben. Auf über eintausend Seiten weist der Amerikaner nach, wie die Gewalt im Alltag und in der Gesellschaft über die Jahrhunderte hinweg stetig abgenommen hat. Noch vor hundert Jahren gab es bei uns mehr Morde, mehr Überfälle, mehr häusliche Gewalt als heute.

Wer dieser Tage einem Verlag ein Kinderbuch vorschlägt, wird nach der Story gefragt. Wenn man dann antwortet: «Tja, ich dachte an einen Jungen und seine Schwester, die von ihren Eltern im Wald ausgesetzt werden», ist es nicht unwahrscheinlich, dass man skeptische Blicke erntet: «Wie bitte, wollen Sie die Kinder traumatisieren?» – «Warten Sie: Die beiden werden im Wald von einer Frau gefangen gehalten, die den Jungen mästen und dann essen will. Zum Glück kann seine Schwester die Frau in den Ofen schubsen, wo sie verbrennt.» – «Und Sie meinen, das ist etwas, was Kinder lesen sollten?»

Das Beispiel zeigt, wie selbstverständlich früher Gewalt im

Alltag der Menschen war; sie hielt sogar im Märchen Einzug. Ob man das gutheißt, steht auf einem anderen Blatt.

Selbst für das blutrünstige 20. Jahrhundert stellt Pinker nüchtern fest, dass die Menschen den größten Teil der Zeit in Frieden lebten: Vier Jahre dauerte der Erste Weltkrieg und knappe sechs Jahre der Zweite Weltkrieg. So verbleiben rund neunzig Jahre dieses Jahrhunderts, in denen die Menschen in Deutschland einigermaßen in Frieden lebten, selbst wenn man die gesamte NS-Zeit mit ihrem Terror abzieht, bleiben noch 84 Jahre Frieden.

Verstehen Sie mich nicht falsch: Ich möchte in keinster Weise Kriege verharmlosen, besonders nicht den Zweiten Weltkrieg. Doch ich bin der Ansicht, dass der Historiker nicht nur Kriegsberichterstatter sein sollte – sonst erfahren wir nie von den guten Kräften, die in den Menschen schlummern. Hoffnung und Optimismus sind das Einzige, was uns weiterbringt.

Neben der endlosen Abfolge von Kriegen gibt es einen weiteren Grund, warum viele Menschen sich scheuen, sich mit Geschichte zu beschäftigen: Es ist der Berg an Jahreszahlen, der zu jedem historischen Ereignis gehört. Lehrer lieben Jahreszahlen, da sie sich so schön abfragen lassen. Dabei verheimlichen sie, dass Jahreszahlen nur ein vermeintlich genaues Instrument für eine zeitliche Einordnung und oftmals viel vager sind, als wir gemeinhin annehmen. Nicht mal Jesus wurde an seinem Geburtstag geboren, sondern rund acht Jahre später, trotzdem baut unser ganzer Kalender auf seinem ersten Geburtstag auf. Eigentlich sind wir also alle acht Jahre jünger!

Jahreszahlen ergeben schon deshalb keinen Sinn, weil die längste Zeit überhaupt nicht klar war, was und wie lang ein Jahr überhaupt ist. Schon die alten Griechen wussten zwar, dass sich die Erde um die Sonne dreht und legten fest, dass ein Jahr die Zeit ist, die unser feiner, emsiger Planet für diese Runde braucht, ohne auch nur einmal für ein kleines Päuschen rechts ranzufliegen.

Allein, ein Kalenderjahr zu erfinden, das genau der Zeitspanne einer Erdfahrt um die Sonne entspricht, geriet schwerer als gedacht. Sie kennen das Problem: Ostern suchen wir Schokoladeneier im Schnee, im Winter fahren wir im Skigebiet über Matschwiesen ins Tal, dafür herrschen beim Grillfest im August derart frostige Temperaturen, dass man sich in Skiklamotten auf die Terrasse setzt. Im Sommer ist es zu kalt, im Winter zu warm. Es ist bis heute scheinbar nicht gelungen, einen Kalender zu erfinden, an den sich die Jahreszeiten halten.

Schon Julius Cäsar war von den ungenauen römischen Kalendern so genervt, dass er sich einen exakten Kalender schreinern lassen wollte, denn bis 56 v.Chr. hatten sich die Jahreszeiten so extrem verschoben, dass sich ein Jahr auf 445 Tage verlängert hatte. Dieses Jahr ist als *Annus confusionis* in die Geschichte eingegangen – und wir müssen nicht das große Latinum haben, um das Wort *konfus* herauszulesen.

Cäsars Idee kam dennoch gut an. Verständlich: Angenommen, man sitzt zum Ende des Jahres panisch zu Hause, sortiert Belege für die Steuererklärung, schreibt im Akkord Neujahrsgrußkarten und weiß noch nicht, auf welche Silvesterparty man überhaupt gehen soll – und dann erfährt man in der Tagesschau, dass das Jahr wegen grober Abweichung von den Jahreszeiten um elf Wochen verlängert wird. Ja Mensch, da kann man doch nur dankbar sein! Elf Wochen geschenkt, um endlich einmal alles zu schaffen, was man sich vorgenommen hat!

Das Problem mit allen Kalendern: Die Erde hat die schrullige Angewohnheit, die Sonne in einer sehr krummen Zeitspanne zu umfliegen, in 365 Tagen, 5 Stunden, 49 Minuten und zwölf Sekunden. Würde man die fünf Stunden und die paar Minuten einfach an jedes 365-Tage-Jahr ranhängen, bis die Erde ihre Runde endlich ganz beendet hat, müssten wir Silvester bei einem sehr frühen Frühstück die Raketen steigen lassen und einen Sekt trinken. Auch wenn das für einige ganz normal sein mag, sinnvoll ist es sicherlich nicht.

Zum Glück hatte schon Cäsars Kalenderbeauftragter Sosigenes die Idee, diese paar Stunden einfach zu sammeln, bis sie nach vier Jahren zusammengerechnet einen Extratag ausmachen: So entstand das Schaltjahr. «So, so, Sosigenes, du bist wohl ein ganz Schlauer», soll Cäsar gemurmelt haben. Also, falls Sie am 29. Februar Geburtstag haben und deshalb nur alle vier Jahre Geschenke bekommen: Cäsar ist schuld, er hat den Kalender beauftragt und ihm seinen Namen gegeben: *Julianischer Kalender*. Genau genommen müsste er zwar nach seinem Erfinder Sosigenischer Kalender heißen, aber wer zahlt, bekommt auch die Ehre.

Trotzdem war auch dieser Kalender nicht exakt, sondern elf Minuten zu lang. Das ist bei den alten Römern nicht mehr groß ins Gewicht gefallen. Doch viel später, im Mittelalter, fehlten die elf Minuten auf dramatische Weise. Wer jahrelang jedes Jahr elf Minuten verpulvert, die nicht ihm, sondern dem nächsten Jahr gehören, der hat nach einem Jahrtausend schon eine ganze Woche geklaut. Und tatsächlich: Bis zum Ende des Mittelalters waren wieder die Jahreszeiten verrutscht. Deshalb mussten die Bürger im Jahr 1582 eine ganz andere Kalendererfahrung machen als einst die Bürger Roms. Ihnen wurde mitgeteilt, dass auf Donnerstag, den 4. Oktober, Freitag, der 15. Oktober folgen würde. Zehn Tage einfach so futsch! Was für ein Stress! Zehn Tage, die holt man nicht einfach so auf, die Hektik vererbt man seinen Kindern, Generation für Generation. Ich glaube, diese 240 Stunden fehlen uns noch heute.

Aber im Ernst, durch das Überspringen von zehn Tagen und eine Verfeinerung der Schaltjahre ist der im Jahr 1582 erlassene Kalender so genau, dass er bis heute gilt. *Gregorianischer Kalender* heißt er, benannt nach Papst Gregor VIII. Wir benutzen ihn täglich. Seine verbleibende Ungenauigkeit beträgt nur noch vier Sekunden. Erst im Jahr 3000 kommt da ein Tag Abweichung zusammen.

Bei der Einführung des Gregorianischen Kalenders gab es in Deutschland schon Protestanten, die ihrem Namen alle Ehre machten und sofort aufbegehrten. Ohne uns, macht euren neuen Kalender doch alleine! So feierten Protestanten und Katholiken Ostern einige Jahre lang zu unterschiedlichen Zeiten. Gibt dann ja auch weniger Staus. Das hat man in Deutschland mit den versetzten Ferien beibehalten.

Die Chinesen haben sich noch länger verweigert und sind erst mehrere Jahrhunderte später zu dem neuen Kalender übergelaufen.

Natürlich ist es praktisch, wenn alle denselben Kalender benutzen, wenn man in einem Café den nächsten Termin absprechen möchte. Wobei ich als Geschichtsbesessener finde, dass es einen großen Reiz hat, im Jahr 2013 eine Lufthansa-Maschine in Frankfurt zu besteigen und nach fünf Stunden Flug auf dem Flughafen, dem *Imam Khomeini Airport* in Teheran, im Jahr 1435 zu landen. Denn nach dem islamischen Kalender befände ich mich in diesem Jahr. Hat man ein Faible fürs Technische, könnte man sich dann freuen, dass es bereits im Jahr 1435 Handys gibt.

Auch die Kommunisten fragten sich nach der Oktoberrevolution 1917, wieso sie einen Kalender benutzen sollten, der auf der Geburt des Sohnes Gottes beruht, wo man doch mit dieser Religion nichts zu tun haben wollte. Der Mut reichte allerdings nicht dafür, einen stalinistischen Kalender einzuführen, gäbe es ihn, befände sich die Linkspartei heute im Jahr 135 n. Stalins Geburt.

Warum erzähle ich das Kuddelmuddel um die Kalender, die mal hier, mal dort galten? Weil Jahreszahlen eben oftmals Schall und Rauch sind. Geschichtliches Wissen heißt nicht, viele Jahreszahlen auswendig zu wissen, sondern Zusammenhänge zu *er*kennen. Hätte ich das nur früher gewusst! Wie entspannt hätte ich in der Schule auf die Frage des Lehrers reagiert: «Sebastian, in welchem Jahr war die Französische Revolution?» – «Hm, meinen Sie jetzt nach dem burmesischen Kalender oder dem buddhistischen? Nein, ich denke das Jahr der Französischen Revolution sollten wir doch am besten im Französischen Revolutionskalender suchen. Nach ihm wurden die Jahre in Freiheit gezählt, sie fiel also an den Anfang des Jahres Eins.» Mit Glück bekommt man dann sogar selbst eine Eins.

Zugegeben, die wichtigsten Epochen zu kennen und grobe zeitliche Einordnungen vornehmen zu können, schadet nicht, das bietet Orientierung. Zu der Meinung bin ich gekommen, nachdem ich jüngst bei ebay auf die Verkaufsanzeige für einen Tisch gestoßen bin, den jemand ernsthaft mit den Zeilen: «Esstisch von Ikea – wahrscheinlich Art déco» angeboten hatte. Nach dieser Tafel müsste jedes antike Möbel mindestens 1500 Jahre alt sein. Hier also ein kleiner Überblick:

800 v. Chr. bis 150 v. Chr.	Antike	Hochzeit der Griechen
500 v. Chr. bis 500 n. Chr.	immer noch Antike	Hochzeit der Italiener als Römer
500 n. Chr. bis 1500	Mittelalter	Auszeit für alle Europäer
1600 bis heute	Neuzeit	Europa bekämpft sich und wächst schließlich zusammen
1920 bis 1940	Art déco	
1943	Ikea	

Lassen wir aber nun genaue Jahreszahlen lieber Zahlen sein und suchen das Dahinter. Wer hat eigentlich wann Europa seinen Stempel aufgedrückt und mit welchen – positiven! – Folgen, von denen wir heute noch profitieren? In diesem Buch geht es genau darum, um dieses stetige Auf und Ab, die Erkenntnis, dass jedes Land vom hohen Ross in den Matsch fallen kann, aber auch jedes Land, das im Matsch liegt, die Chance hat, wieder in den Sattel zu steigen, wenn es nicht aufgibt.

Gerade die Akzeptanz des Letzteren fällt uns Deutschen schwer. Eine Einstellung, die mit «Yes we can!» beginnt und nicht mit «O Gott, o Gott!», sucht man bei uns oft vergebens. Bei uns überwiegt das Gefühl, dass in Sachen Europa Hopfen und Malz verloren sind.

Wieso fällt es uns nur so schwer, optimistisch zu sein? In dieser Hinsicht könnten und sollten wir uns ruhig eine Scheibe von den Amerikanern abschneiden. Wir erinnern uns: Kurz nach unserem gescheiterten Versuch, die Macht in Europa und auf der ganzen Welt zu übernehmen, lagen wir 1945 im Matsch. Und was sagten die Amerikaner, die wir noch kurz zuvor beschossen hatten und die um unsere Gräueltaten wussten? «Okay, ihr habt's verbockt. Aber hier ist eure zweite Chance!»

Als die Heldentaten des Oberst Stauffenberg, der mit einer Gruppe Gleichgesinnter vergeblich versucht hatte, Hitler umzubringen, in die Kinos kam, spielte Tom Cruise die Hauptrolle. Das passt gut, er kennt sich schließlich mit totalitären Systemen aus. Ich habe den Film zufällig mit meiner amerikanischen Bekannten Cathy in New York gesehen, die mir einen Beweis des unerschütterlichen Optimismus der Amerikaner lieferte. Wir betraten den Kinosaal mit Popcorneimern, um das Stauffenberg-Drama zu sehen, und sie raunte mir zu: «... aber nicht verraten, wie's ausgeht!»

Bis jetzt ist die europäische Geschichte noch immer gut ausgegangen, auch in meiner Familie. Mein Opa musste noch auf Franzosen schießen, ich bin mit einer Französin verheiratet – wenn das kein Happy End ist!

Aber im echten Leben gibt es kein letztes Kapitel, wir müssen immer an das nächste denken, in dem unsere Kinder die Hauptrollen spielen sollen. Ich hoffe sehr, dass es von einem Europa handeln wird, das noch mehr zusammengewachsen ist.

DIE GERMANEN WARTEN AUF IHREN ERSTEN AUFTRITT

Nur Grunzen im Eichenwald

Sie leben in stumpfer Trägheit dahin.

TACITUS, RÖMISCHER SENATOR

ÜBER DIE GERMANEN

Die längste Zeit der Menschheitsgeschichte sah es so aus, dass der Fortschritt in Europa grundsätzlich vom warmen Mittelmeer ausging und aus den deutschen Eichenwäldern nicht mehr zu hören war als gelebtes Banausentum.

In Frankreich, Spanien und Italien fand man zahlreiche Höhlenmalereien als Beweise von frühzeitlicher Hochkultur – und in Deutschland? Keine einzige. War es hier vielleicht zu kalt für Kunst? Nein, selbst die Russen haben es am Ural fertiggebracht, Farben zu mischen und Höhlenwände zu bemalen, und dort ist es bekanntlich noch kälter als in unseren Gefilden. Sechzehntausend Jahre sind die dortigen Zeichnungen alt. Was haben *wir* eigentlich zu dieser Zeit gemacht?

Zufällig sind vor kurzem in Bonn Skelette gefunden worden, die genauso alt sein sollen wie viele Höhlenzeichnungen unserer europäischen Nachbarn. In der Grabstelle im Bonner Stadtteil Oberkassel fanden sich die Überreste eines Mannes, einer Frau und – besonders bezeichnend – zwischen beiden: die eines

Hundes. Nur die Hundeleine war nicht mehr erhalten. Während also unsere europäischen Nachbarn Kunst für die Ewigkeit schufen, waren wir mit dem Hund Gassi. Vor geschätzten vierzehntausend Jahren hörte man in unseren Wäldern also schon Sätze wie: «Rufen Sie sofort Ihren Hund zurück!» – «Keine Angst, der will nicht spielen, der hat nur Hunger.»

Gut, es könnte theoretisch sein, dass es auch in Deutschland tolle Höhlenzeichnungen gegeben hat, die lediglich von einer germanischen Hausfrau gewissenhaft weggeputzt worden sind.

Hoffnung für unser Ansehen bestand zunächst, als man 2011 schließlich doch noch Höhlenmalereien in Deutschland fand, im Landkreis Bamberg, zwölftausend Jahre alt. «Endlich!», jubelten deutsche Prähistoriker und machten schon mal Platz in den Museen für Exponate, die Zeugnis darüber ablegen sollten, dass auch unsere Vorfahren schon früh was draufhatten.

Aber im Gegensatz zu den wunderschönen Abbildungen von Pferden in Altamira (Spanien), den Löwenköpfen in der Grotte Chauvet (Frankreich) oder den besonders anmutigen Handabdrücken in der Höhle von El Castillo (wiederum Spanien), die uns so fröhlich zuwinken (siehe auch Tafelteil in der Mitte des Buches), waren die Wandmalereien unserer Ahnen so peinlich, dass man sie nicht ausstellen wollte. An den Wänden des rund fünf Meter langen Raumes fanden sich fast ausschließlich Abbildungen von Brüsten und erigierten Penissen. Heute würde man sagen: Schmierereien. Auf jeden Fall nichts, mit dem man in einem archäologischen Museum Schulklassen für Frühgeschichte begeistern möchte – wenn man es denn vielleicht auch könnte.

Die «Hoden- und Tittenhalle» bei Bamberg

In Bayern gibt es einen Hohlraumbeauftragten. Er ist aber nicht, wie man erwarten könnte, für ausgebrannte und ideenlose Politiker zuständig, sondern für neu entdeckte Hohlräume, sprich Höhlen. Dieser Hohlraumbeauftragte zeigte einem Reporter den betreffenden Hohlraum und schwärmte von einem «Raum der Magie», in dem möglicherweise «Initiationsrituale», ja, «Fruchtbarkeitsfeste» stattgefunden hätten.

Aber wenn man der Zeitung «Die Zeit» glauben schenken darf, nennt man die Fundstelle in Höhlenforscherkreisen angeblich ganz unwissenschaftlich «Hoden- und Tittenhalle». Wer weiß, vielleicht gab es bei Bamberg bereits vor zwölftausend Jahren den ersten deutschen Swingerclub?

Dass in den 1950er Jahren arme Gastarbeiter aus Südeuropa ins reiche, entwickelte Deutschland kommen, um in unseren Industrieanlagen zu arbeiten, klingt angesichts dessen geradezu abstrus.

Aber in diesem Kapitel geht es zunächst nur um den ersten Auftritt der Deutschen im europäischen Theaterstück, dabei ist «Auftritt» eigentlich ein Euphemismus. Streng genommen haben die Deutschen, die zum damaligen Zeitpunkt noch Germanen hießen, beim Vorsprechen für das Stück mangels Fähigkeiten keine Rolle bekommen, sind also beim Casting rausgeflogen – und haben dann: nichts gemacht. Einfach rumgegammelt.

Von den Griechen wurden sie Barbaren genannt; für sie definierte das Menschen, die keine griechisch-römische Bildung genossen hatten. Wir haben als Prekariat angefangen. Statt in einem Staat lebte man in Sippen und Stämmen. Man empfand sich auch noch nicht als Germanen, es gab nichts Gemeinsames, nur den eigenen Stamm, der Stress mit dem anderen Stamm auf der gegenüberliegenden Seite des Flusses hatte. Dieser Tage nennt man das Föderalismus.

Bis heute haben sich einige Germanenstämme erhalten, sie hießen schon damals Bajuwaren, Sachsen und Westfalen und bilden nun mal allein, mal mit anderen Stämmen, was schon problematisch genug ist, Bundesländer. Die Deutschen haben vor der Entwicklung einer eigenen nationalen Identität angefangen wie die arabische Welt heute, wo erst der äußere Feind die zerstrittenen Stämme eint und sich neue, größere Identitäten bilden.

Diese gewagte, aber durchaus plausible These stammt von Dietrich Schwanitz. Er bezieht sie eigentlich auf das von Napoleon unterworfene Deutschland, auch da noch ein Flickenteppich von Kleinstaaten, man könnte sagen, Stammesgebieten. Die Besatzer, die Truppen Napoleons, hasste man, empfand sie aber gleichzeitig als überlegen und kultivierter, nicht zuletzt, weil ihre Sprache komplexer war als die Geräusche, mit denen sich die Deutschen verständigten. Kein Wunder also, dass auch der deutsche Adel, ja alle, die etwas auf sich hielten, anfingen, französisch zu sprechen.

Schwanitz' These lässt sich allerdings ebenso gut auf die Germanen zur Zeit des Römischen Reiches übertragen. Die Römer waren unseren Vorfahren in jedem Fall überlegen, weit entwickelt und kultiviert. Trotzdem schafften auch sie es nicht, die Wildnis östlich des Rheins zu kontrollieren, im Gegenteil, ebenso wie die Taliban in Afghanistan, vereinigten sich die einzelnen Germanenstämme angesichts der Gefahr von außen. Die Germanen hatten den längeren Atem und besiegten die Römer schließlich vollends.

Wie war das möglich, wo doch der technologische Abstand zwischen Germanen und Römern mindestens so groß war wie der zwischen Taliban und US-Truppen? Und nicht nur der. Werfen wir doch mal einen genaueren Blick auf die Lebensumstände unserer Vorfahren.

Die Zeitschrift *Schöner Wohnen* war keine germanische Erfindung

Der Lebensstandard der Germanen war für einen stilbewussten Metropolenbewohner wie den Gelehrten Plinius aus Rom ein Kulturschock. Es gab auf dem Gebiet des heutigen Deutschland keine einzige Brücke: Der Germane schwamm halt durch die Elbe, wenn es sein musste – und ertrank dabei, wenn es sich nicht verhindern ließ.

Es gab bei uns nicht ein einziges mehrstöckiges Bauwerk, kein Open-Air-Theater wie das Kolosseum in Rom, keine gepflasterten Plätze, keine Marmorsäulen – nur Matsch. Ein Mann wie Plinius verbrachte seine Freizeit hingegen in einem Appartement, das auf einen eigenen Innenhof mit kunstvoll gestalteten Wasserbecken hinzeigte, einem *Impluvium*. Alle Räume waren gefliest, die Decken vertäfelt, voller Intarsien, der Putz mit Fresken bemalt, Schreibpulte und Beistelltischchen besaßen gedrechselte Füße. Plinius hatte höchstwahrscheinlich einen geschlossenen Ofen, wenn nicht sogar eine Fußbodenheizung mit Fernwärme, für die das Wasser damals zentral erhitzt und unter die Böden geleitet wurde. Er konnte an einem Stehpult arbeiten, sich auf einen Stuhl mit einer elastischen Sitzfläche aus geflochtenen Lederriemen niederlassen oder gleich in einem bequemen Korbsessel Platz nehmen und dabei durch die Balkontür auf den Feierabendverkehr hinabschauen. Kein Wunder, dass er angesichts dieses Luxus ein vernichtendes Urteil über die Germanen fällte: Sie würden in «elenden Hütten» leben.

Diese elenden Hütten nennt man gemeinhin Langhaus, da sie einen Grundriss von ca. neun Metern Länge, aber nur fünf Metern Breite hatten. Dies entspricht noch heute dem Standardgrundriss vieler deutscher Reihenhäuser und Doppelhaushälften. Vergessen Sie einfach den Partykeller und die oberen Etagen, und stellen Sie sich nur das Erdgeschoss vor, in dessen Außenwände große Löcher geschlagen sind, die mit Ästen und Lehmmatsch verputzt wurden – schon haben Sie das klassische Langhaus vor Augen. Diese primitive Bauweise hat sich in den Fachwerkhäusern zwischen Lüneburg und dem Harz im Prinzip bis heute erhalten. Nur lebte darin damals nicht ein Paar mit zwei Kindern, sondern ein Germane mit seiner Frau, mehreren Söhnen und Töchtern, Enkelkindern und den eigenen Eltern, dazu ein paar Brüder und Schwestern mit ihren Partnern, Kindern und Enkeln. Geschlafen wurde auf einer harten Bank, die sich an der kompletten Hauswand entlangzog.

Damit es mit den Verwandten nicht zu langweilig wurde, wohnten auch sämtliche Tiere im Haus. Der Vorteil: Mit jeder Kuh sparte man Feuerholz, sie geben viel Wärme ab. Dennoch gab es natürlich ein offenes Feuer in der Raummitte, was mangels Abzug für enorme Raumentwicklung im Langhaus sorgte.

«Sie schlafen viel, kein Wunder, ist doch das halbe Jahr bei ihnen Winter.» Dies war eine weitere Erkenntnis der Römer. Zumindest die endlosen feuchtnassen Winter haben wir uns bis in die Gegenwart erhalten.

Germanisches Frühstück: Müsli

Bei den Germanen gab es noch kein Brot, man kannte es zwar, aber seine Herstellung war zu aufwendig für den Alltag. Stattdessen aß man Müsli, eher eine Art Pampe (obwohl Müsli strenggenommen auch Pampe ist): geriebene Weizenkörner mit Wasser. Es mag angesichts dieses frustrierenden Frühstücks nicht verwundern, dass man es oft vorzog, lieber die Nachbarn zu überfallen; mit Glück fand sich bei ihnen etwas Honig.

Vielleicht war die ärmliche Lebensweise unserer Vorfahren auch der Grund, warum sie sich dem Alkohol verschrieben hatten: Sie versuchten schlichtweg, sich die eigene Situation schönzutrinken. Von exzessiven Besäufnissen wird berichtet, meist mit vergorenem Getreide, einer Art Urbier.

Im Jahr 98 n.Chr. erschien auf dem römischen Buchmarkt der Bestseller «Germania», ein Bericht über die Lebensverhältnisse bei unseren deutschen Vorfahren, geschrieben von Tacitus, seines Zeichens Senator von Rom. Er betrachtete die Germanen mit der sezierenden Nüchternheit, mit der sich Forscher heute den letzten Ureinwohnern im brasilianischen Dschungel annähern würden. Wir waren für die Römer das, was die Indianer später für die europäischen Einwanderer in Nordamerika waren: die indigene Bevölkerung.

Tacitus' Urteil: Eigentlich sei Deutschland nicht bewohnbar. «Wer will schon Italien den Rücken kehren und nach Germanien ziehen? Es hat keinen Reiz im Aufbau seiner Landschaft, sein Klima ist rau und der Gesamteindruck niederdrückend.» Vielleicht war er in Gelsenkirchen.

So oder so, Tacitus hielt die Germanen für primitiv. Kunst

und Kultur? Fehlanzeige. Zwar waren wir, wie man in seinem Reisebericht nachlesen kann, wohl recht gastfreundlich; die Feiern mit den Gästen dauerten oft mehrere Tage. Am Ende gab es allerdings im Vollrausch immer eine Schlägerei, von der einige sich nie wieder erholten.

Nur ein Punkt hat Tacitus nachhaltig beeindruckt: die Treue der Germanen. Zum einen die zu ihren Anführern, die es beinahe unmöglich machte, sie mal eben als Söldner anzuheuern. Zum anderen die zu ihren Frauen, die Tacitus angesichts der verlotterten Zustände im antiken Rom besonders frappierte. Selbst Cäsar war derart umtriebig, dass seine Soldaten, wenn er sich näherte, spotteten: «Achtung, Männer, bringt eure Frauen in Sicherheit, da kommt er, unser kahlköpfiger geiler Bock.» Dies hat sich ja seitdem (siehe Silvio Berlusconi) nicht wesentlich geändert.

Als die Pyramiden von Gizeh schon Ewigkeiten standen, griechische Tempel und römische Arenen seit Jahrhunderten existierten, gab es bei uns nur diese Langhäuser mit qualmendem Feuer und pupsenden Kühen drin. Städte hatten wir auch nicht. Es wurde weder gelesen noch etwas geschrieben, erst im 4. Jahrhundert nach Christus, als das Römische Reich langsam vor die Hunde ging, dachte sich Bischof Wulfila die ersten Runenzeichen aus. Die Sumerer hatten schon über fünftausend Jahre zuvor eine Schrift entwickelt. Ihr Siedlungsgebiet Mesopotamien, auch «Wiege der Zivilisation» genannt, lag in etwa zwischen Euphrat und Tigris – für US-Piloten waren das zuletzt nur noch Koordinaten, um ihre Bomben abzuwerfen.

Nebenbei haben die Sumerer das Rad erfunden, eine Innovation, die noch heute in exakt gleicher Form im Audi TT verbaut wird. Ebenfalls aus der Innovationsschmiede der Sumerer stammt die Töpferscheibe, mit deren Hilfe u.a. Geschirr hergestellt wurde. Die Germanen tranken ihr Biergesöff alldieweil aus abgebrochenen Kuhhörnern, die man allerdings leider nicht auf dem Tisch abstellen konnte, da sie sonst umfielen. Also trank man sie immer in einem Zug aus – vielleicht war das der eigentliche Grund für die vielen Besäufnisse.

Ich finde es spannend, wie viele Fäden von damals direkt bis in unsere Gegenwart führen. Nicht nur, dass wir seit über zweitausend Jahren zu den Völkern gehören, die am meisten Bier trinken; nach einer von vielen Erhebungen sind es inzwischen weit über einhundert Liter pro Kehle und Jahr. (Unerwähnt bleibt in diesen Statistiken allerdings, ob einfach der Gesamtkonsum in unserem Land durch 82 Millionen Einwohner geteilt wurde und damit auch jedes Kind und jedes Baby hundert Liter Bier für den Schnitt trinken musste, oder ob man eine naturgemäß vage Anzahl von männlichen und etwas weniger weiblichen, volljährigen und damit wahrscheinlich biertrinkenden Germanen ermittelte.)

Angesichts von Oktober- und Schützenfesten, auf denen Gegenwartsgermanen ihren Rausch auf, unter und neben Bierbänken und in Büschen ausschlafen, fällt mir immer wieder Tacitus' Feststellung ein, unsere Vorfahren würden «in stumpfer Trägheit» dahinvegetieren. Sie trifft mitunter noch heute zu.

Auch die Treue, die den Römer an den Germanen so schwer beeindruckt hatte, gehört bis dato zu den uns nachgesagten Eigenschaften. Und nicht zu Unrecht: In ihrer schlimmsten Ausprägung führte sie dazu, dass wir Deutschen einem Diktator in den Abgrund folgten und ihm bis zur letzten Stunde treu blieben, als das Grauen schon lange zu Gewissheit geworden war.

Aber auch im Guten sind die Deutschen treue Seelen, es dauert lange, bis sie eine Sache wirklich aufgeben. Freundschaften halten ewig, wenn es sie erst mal gibt. Setzten sich die Deutschen in den Kopf, für Abrüstung oder gegen Kernkraftwerke zu demonstrieren, so tun sie es jedes Jahr wieder, mehrere Jahrzehnte, bis das Ziel erreicht ist. Inzwischen weiß man auch, was es bedeutet, wenn sich Deutsche entschlossen haben, den Umbau eines Bahnhofs zu verhindern. Gegen diesen leidenschaftlichen Eifer hat man nicht die geringste Chance. In «Leidenschaft» sind die «Leiden» schon enthalten, und ohne Leiden machen wir Deutschen es nicht. Selbst bei reiner Zerstreuung, einem Fernsehabend, harren wir stundenlang vor dem Gerät aus, bis zum Ende der letzten Wette von «Wetten, dass..?». Als Tom Hanks dort zu Gast war, litt er sehr: In den USA würde jemand, der eine derart lange Sendung plant, sofort gefeuert, stöhnte er hinterher.

Doch zurück zu unseren Vorfahren: Ein weiteres Erbe, das sie in unseren Genen hinterlassen haben, ist die Abneigung gegen größere Siedlungen. In vielen sich entwickelnden Ländern der Welt haben sich Megastädte gebildet. In den Metropolen Seoul, New York und Mexiko-Stadt leben jeweils weit über 20 Millionen Menschen, in Tokio sogar fast 38 Millionen. Das ist uns Deutschen viel zu ungemütlich. Wir mögen es klein, und so soll es, vielleicht mal abgesehen von Berlin, auch bleiben. So weigern sich zum Beispiel die Mainzer, mit den Wiesbadenern auf der anderen Seite des Flusses zusammenzuwachsen. Wo kämen wir denn dahin, wenn sich zwei Stämme einfach so «durchmischen»?

Zahlenmäßig noch beeindruckender ist das Ruhrgebiet. Es könnte, als Ruhr-Stadt vereinigt, auf dem Metropolenparkett mittanzen, ja, wenn denn die Bereitschaft dazu vorhanden wäre – ist sie aber nicht. Hinter jedem Ortsschild beginnt die nächste mittelgroße Siedlung.

Noch dörflicher geht es im Industrie-Cluster rund um Stuttgart zu. Hier, zwischen Vaihingen und Nürtingen, zwischen Waiblingen und Böblingen, finden sich mehrere hundert Weltmarktführer, die ihre Produkte zum größten Teil in Dörfern erfinden und bauen. Diese Dörfer sind zwar zu einer gewissen Größe herangewachsen, und wie im Ruhrgebiet beginnt am Ende des einen Dorfes hinter dem Ortsschild schon oft das nächste, aber – es bleiben Dörfer. Es kann für uns Deutsche gar nicht klein und einfach genug sein.

«Sie wohnen in Slums!»

Auch der Brauch, Essen auf offenem Feuer zu garen, ist bis zu uns Neugermanen erhalten geblieben. Wir gehören zu den wenigen Nationen, die leidenschaftlich gerne grillen – was kann das anderes sein als eine Sehnsucht nach unseren Ursprüngen, wenn Männer Induktionsherd und Umluft-Backofen links liegenlassen, im Garten ein Feuer entfachen, rohes Fleisch über die Flammen hängen und dann, das halb verbrannte, halb rohe Teil kauend ausrufen: «Herrlich!»? Findet dieses Ritual auch noch in einem Kleingarten statt, ist die Reise zu unseren Wurzeln perfekt. Im Vergleich zu einer heutigen Gartenlaube war selbst das Langhaus der Germanen solider, und trotzdem zeugen zahlreiche Kleingartensiedlungen davon, wie sehr wir Deutschen das Laubenpieperdasein schätzen. Das erinnert mich an eine Fahrt nach Köln, auf der der Zug mitten auf der

Strecke anhielt und mein Blick zwischen Bahndamm und Autobahn auf eine große Fläche von Kleingärten fiel, auf Lauben, schiefe Holzbaracken, Grundstückseinfriedungen aus Wellblech, auf zum Teil mit Plastikplanen abgedeckte Teerpappendächer. Der Reisende neben mir schaute entsetzt aus dem Fenster und zeigte mit dem Finger auf die Kolonie. Es war ein amerikanischer Tourist, wie sich später herausstellte. Er rief: «Slums!», und dann: «Slums in Germany! I can't believe it!» Ich klärte ihn auf, dass dort niemand oder fast niemand fest wohne und die Lauben vielmehr zur Erholung am Wochenende aufgesucht würden. Aber das schockierte meinen Mitreisenden noch mehr: «They go in slums for the weekend?»

Was ich mit alldem sagen will: So furios, wie unsere kulturelle und technische Aufholjagd später auch werden sollte, vorstellen konnte sich das im Alten Rom niemand. Kein Wunder, dass die Römer unsere Urururuuropas nicht ernst genommen und immer wieder versucht haben, sie zu besiegen. Bei anderen Stämmen in weiten Teilen Europas ist ihnen das auch gelungen. Aber diese Schlachten sollen, wie versprochen, nicht im Vordergrund stehen. Denn so, wie man nicht gesünder wird, wenn man um alle Krankheiten weiß, die man bekommen kann, so lernt man auch nichts über die Fähigkeit der Menschen, in Frieden zu leben, wenn man sich nur mit Kriegen beschäftigt. Es ist in beiden Fällen besser, es genau andersherum zu machen.

DIE GRIECHEN KOMMEN INS SPIEL –
UND GLEICH IN DER HAUPTROLLE

Grandiose Griechen

Es ist schwierig, ein Rührei zu «entrühren».
US-ÖKONOM JOSEPH STIGLITZ ZU DEN ÜBERLEGUN-
GEN, GRIECHENLAND AUS DER EUROZONE HERAUS-
ZUNEHMEN.

Griechenland sollte man momentan am besten mit einem
Kreuzfahrtschiff ansteuern – so ist die Gefahr, in einen wilden Streik der Taxi- oder Busfahrer zu geraten und dabei auf
dem Weg zum ebenfalls bestreikten Hotel zu verhungern, am
geringsten. Am besten, wir checken auf einem Ozeanriesen ein,
der alle anderen mit seinem Komfort aussticht, der mehr bietet
als die acht Whirlpools und fünf Schwimmbecken der *Queen
Mary II* oder das Volleyballfeld auf der *AIDA Diva*. Nein, als Ken-
ner lassen wir uns von solch vordergründigem Schnickschnack
nicht blenden, wir wollen absolute Exklusivität. Bronzene
Badewannen in der Kabine sind das mindeste, dazu ein ech-
tes Kaminfeuer, keine lausige Feuer-DVD. Türen aus Zedern-
holz, der Boden mit Halbedelsteinen gefliest. Blumenbeete
neben Laubengängen, überrankt von Weinreben, eine eigene

Turnhalle. Das reicht noch nicht? Okay, packen wir noch was drauf: große Aquarien, in denen edelste Süßwasserfische nur darauf warten, verspeist zu werden, und zwanzig Pferdeställe – schließlich will man sein kostbares Reitpferd gerade auf dem Meer immer in seiner Nähe wissen.

Das alles finden wir – Überraschung! – nur auf einem griechischen Schiff, an Bord der *Syracusa*. Und mit ihr gelangen wir in das Athen um 200 v.Chr., als griechische Staatsanleihen noch einen guten Ruf hatten. Zu dieser Zeit gab es bei uns nicht eine einzige Werft, kein Schiff, nicht mal ein Tretboot. Als die Griechen dieses Luxusschiff konstruierten (und benutzten!), hat bei uns vielleicht mal ein Germane ein Stück Holz ins Wasser geschmissen und ihm debil hinterhergestarrt, ohne daraus die richtigen Schlüsse zu ziehen. Das war's.

Dabei kommt man mit Beobachtung weit, wie sich bei den Griechen lernen lässt: Wer hängt nicht gerne am Strand ab und schaut aufs Meer hinaus? Das machen die heutigen Griechen ebenso gerne wie ihre Vorfahren in der Antike. Aber damals war das irgendwie produktiver. Auf diese Art entdeckten sie zum Beispiel, dass die Erde rund ist. Der Beweis: Von Schiffen, die vom Meer auf die Küste zukommen, sieht man zuerst immer nur die Mastspitze, und erst dann den Rest. Das kann nur dann der Fall sein, wenn es sich über eine Kugel bewegt. Ganz schön clever, oder?

Wäre die *Syracusa* nicht, wie so viele gute Schiffe, in einem der Kriege kaputtgegangen, könnte sie sicher heute noch in den Hafen einlaufen. Und falls es mal keinen Liegeplatz geben sollte, da wieder die *MS Deutschland* und vier *AIDA*s im Weg stehen, verfügte die *Syracusa* über einige Features, die das Problem hätten lösen können: Katapulte und sogar mehrere Kräne, die eigens zu dem Zweck gebaut wurden, über den Decks der Konkurrenz große Steine fallen zu lassen. Gerade auf der Fred-Firestone-Party an Bord der *Aida* würde so ein Findling, der neben dem DJ aufschlägt, richtig Schwung in die Party bringen.

Die antiken Griechen bauten Galeeren, auf denen viertausend Ruderer Platz nehmen konnten – vielleicht hat man ja auch einigen Barbaren die Reise als Kreuzfahrt verkauft? Die Griechen begründeten ihren Ruf als Seefahrernation jedenfalls schon zu einer Zeit, als auch die Briten noch auf einer dichtbewaldeten Insel lebten, auf der bis dahin kein einziger Baum für den Schiffbau gefällt worden war, weil man nicht mal wusste, was ein Schiff überhaupt ist. So kann sich das Blatt wenden.

Es bleibt ein Rätsel, wie ein Volk, das einst die Meere mit seiner Flotte beherrschte und Luxuskähne wie die *Syracusa* fertigte, heute nur noch mit den verrostetsten Fähren des Mittelmeers aufwarten kann: Im letzten Test des ADAC bekam ein Drittel der Kutter, denen an jedem Sommertag über hunderttausend Passagiere zwischen den griechischen Inseln ihr Leben anvertrauen, die Noten «mangelhaft» und «sehr mangelhaft».

Merkels Rache für einen tausend Jahre alten Korb

Kein Wunder also, dass auch die Griechen gerne in die Vergangenheit schauen, vor allem auf Episoden, die wir Deutschen längst vergessen haben. Offensichtlich wurde das, als einmal der stellvertretende griechische Wirtschaftsminister Adonis

Georgiadis in Athen vor heimischem Publikum begründete, warum die Deutschen den Griechen nicht mehr finanziell unter die Arme greifen wollen. In seiner Rede in einer tristen Halle, als einer der seltenen Wolkenbrüche Athens gerade bewirkte, dass es auf die Bühne und sogar direkt auf die Mikrophonanlage tropfte, schaute er dementsprechend lieber auf das Verhältnis zwischen Deutschen und Griechen vor eintausend Jahren. Und siehe da: Damals waren sie die Tollen und wir die Ollen. Adonis Georgiadis fand in der Mottenkiste der Geschichte eine Episode, die ihm außerordentlich zu gefallen schien: Damals hielt ein deutscher König (Otto I.) beim griechischen Kaiser (Nikephoros Phokas) um die Hand seiner Tochter an. Das klingt romantischer, als es war, denn Otto kam gar nicht selbst, sondern schickte einen Kardinal, um nachzufragen. Es ging auch nicht um die eine Tochter des Kaisers (er hatte mehrere), sondern um irgendeine, Hauptsache, griechische Prinzessin. Kaum hatte der Kardinal sein Anliegen vorgetragen, flippte Phokas aus. Eine Unverschämtheit sei das Ganze, und überhaupt sei dieser Otto aus griechischer Sicht gar kein König, sondern höchstens der Anführer eines Barbarenstammes. Das saß. Der Kardinal wurde sogleich in den Kerker geworfen – und saß ebenfalls.

Letztlich rückte Kaiser Phokas doch noch eine Prinzessin raus, wenn auch eine zweitrangige. Theophano hieß sie. Die Arme, erzählte der heutige Minister Georgiadis in seiner Rede süffisant, habe den Deutschen erst mal Manieren beibringen und die Funktion von Messer und Gabel zeigen müssen. Außerdem habe Theophano ein wöchentliches Bad genommen, während die Deutschen dies angeblich nur einmal im Jahr getan und ansonsten vor sich hin gestunken hätten.

Eine solche Geschichte kam natürlich gut an beim griechischen Publikum; erst recht der gewagte Schluss des Wirtschaftsministers: Angela Merkels harter Kurs in der Frage weiterer Bürgschaften für Kredite an die Griechen sei die Rache dafür, dass Otto vor eintausend Jahren so schlecht behandelt worden ist.

Das ist das Schöne an Geschichte: Man kann sich immer an die Zeit erinnern, die einem am besten gefällt.

Priapos, Gott für Bienen, Fische, Blumen und Gedöns

Nicht nur im Hinblick auf kulturelle Erzeugnisse, sondern auch in Glaubensfragen war das antike Griechenland hochmodern. Jeder konnte glauben, an wen er wollte: Hauptsache, die Steuern wurden pünktlich bezahlt. Heute ist es ähnlich, wir haben viele Götter. Für die einen ist es der Erfolg, für andere das Geld, für die eine Selbsterkenntnis, für den anderen der gute alte Christengott. Auch Allah darf angebetet werden, der Dalai-Lama oder Justin Bieber – Hauptsache, die Steuern werden bezahlt. So setzt eine Gesellschaft viele unterschiedliche Kräfte frei. Spezialisierung hat sich bewährt, nicht umsonst hatten sowohl Griechen als auch Römer ein ganzes Kabinett an Göttern, jeder mit einem Fachgebiet.

Die griechischen Gottheiten waren derart spezialisiert, das grenzte schon an Bürokratie. War ein Gott der Schönheit wie Adonis wirklich notwendig? Oder Anapos, ein Flussgott, der einzig und allein für den Segen des Flusses Anapo auf Sizilien zuständig war? Morpheus, der Gott des Traumes, konnte Jahrhunderte später immerhin in dem Kino-Blockbuster *Matrix* einen neuen Job übernehmen.

Es ist auch bei weitem nicht so, dass alle Götter nur Däumchen drehten wie Priapos, zuständig für Fische, Früchte, Bienen – und Gedöns, hätte Ex-Kanzler Gerhard Schröder gesagt.

Trotzdem ist die Diversifizierung der griechischen Götter hochmodern. So hatte jeder Gläubige seinen speziellen Ansprechpartner. Auch bei einer Hüftoperation vertrauen wir ja lieber einem Spezialisten. Sagt der Chefarzt: «Wir setzen hier über sechstausend Hüftprothesen pro Jahr ein», klingt das besser als: «Wir machen hier alles, was anfällt, Nieren, Geburten, Tiere. Probieren wir es halt mal mit der Hüfte.»

Und so wusste man immer, wen man um Hilfe bitten konnte: Hatte man z.B. Probleme beim Einschlafen, konnte man Hypnos anbeten, den Gott des Schlafes, und sich sicher sein, dass er sich mit gutem Schlaf auskennt.

Im Christentum, aber auch bei Juden und Moslems, gibt es hingegen nur einen Chef – und der macht alles. Kein Aufsichtsrat, keine Geschäftsführung, keine Abteilungsleiter. Inhaber: Gott. Und vor allem gibt es keinen anderen Gott. Dummerweise behaupten mit Allah und Jahwe noch zwei weitere Götter, es gäbe nur sie. Das erinnert ein bisschen an den Musiker Marius Müller-Westernhagen, der einmal zu einer deutschen Zeitung sagte: «Wer ist Grönemeyer?» Und das zu einer Zeit, als beide schon Musikgötter waren.

Mit dieser All-in-one-Lösung der monotheistischen Religionen (klingt sehr monoton, oder?) kann man vielleicht einen Kiosk betreiben oder *Air Berlin*, bis es jemandem auffällt, aber eine große Organisation wie die Menschheit? Wie soll das gehen? Gott *kann* nur überfordert sein. Und alle, die die Wunder

der Schöpfung preisen, all die schillernden Tier- und Pflanzen-
arten, sollten nicht vergessen: Auf jede Spezies, die überlebte,
kommen unzählige Fehlversuche, die es nicht geschafft haben.
Ganz so wie bei Heimwerkern. Sie machen zwar alles, trauen
sich alles zu, aber vieles geht eben daneben. Vögel ohne Flügel,
Fische ohne Flossen, learning by doing, anders kann man das
nicht bezeichnen.

Trotz ihrer unzähligen Gottheiten gelang es den Griechen,
ihre Götter links liegen zu lassen, wenn es um Neugierde und
Erkenntnisgewinn ging. Solange alles gottgegeben ist, braucht
man sich eigentlich gar keine weiterführenden Gedanken um
das Wie und Warum auf der Welt zu machen: Warum ist der
Himmel blau? Weil Gott ihn blau gemacht hat. Warum gibt es
Tag und Nacht? Warum können Vögel fliegen und wir nicht?
Herrgott noch mal, weil er Tag und Nacht geschaffen hat und
Vögel fliegen lässt und uns eben nicht, und nun halt die Klappe!

Ohne Nachfragen gibt es jedoch keine Wissenschaft. Und
die Griechen haben fleißig nachgefragt und deshalb viel heraus-
bekommen. In ihrer Naturphilosophie versuchen sie als erste
Menschen überhaupt, natürliche Ursachen für bestimmte
Ereignisse zu finden, und erfinden so nebenbei die Kausalität.
Wenn ich dir eins über die Mütze gebe, gibst du mir eins über
die Mütze. Das ist logisch, und, wen überrascht's, auch die
Logik ist eine griechische Erfindung. Aristoteles' Definition
einer formalen Logik war derart gut formuliert, dass Immanuel
Kant noch zweitausend Jahre später zähneknirschend zuge-
ben musste, den Einsichten des genialen Griechen selbst nach
dieser langen Zeit nichts Elementares hinzufügen zu können.
Dabei war Kant angetreten, um endlich ein paar Geistespunkte
für die Deutschen einzuheimsen.

Was wir daraus lernen? Ein «Warum?» bringt einen weiter als tausend «Das ist halt so».

Immer noch hipp: Hippokrates

Bekommt heutzutage eine Ärztin in den USA ihre Approbation, also die Zulassung zur Ausübung ihres Berufes, dann leistet sie einen Eid, der sich am berühmten hippokratischen Eid anlehnt und den ein Grieche bereits vor über zweitausend Jahren erfunden hat: Hippokrates. Ist das ein Zeichen veralteter Medizin? Nein, es ist ein weiteres Zeichen der Modernität der alten Griechen.

Deutsche Ärzte müssen diesen Eid im Übrigen nicht leisten, auch wenn das viele glauben – und doch haben sich die Inhalte dieses Schwures in zahlreichen bis heute geltenden Gesetzen niedergeschlagen: Das Verbot der Sterbehilfe geht auf Hippokrates ebenso zurück wie die Schweigepflicht.

Der griechische Arzt hat bis zu seinem Tod um das Jahr 370 v.Chr. eine komplette medizinische Ethik erfunden, die bis heute Bestand hat. Zwar hat er nicht gesagt, dass es unmoralisch ist, in München Alkoholikern, die noch besoffen sind, Spenderlebern zu transplantieren, um die eigene Statistik aufzupeppen, aber wenn wir heute solche Medizinskandale erleben, besinnt man sich doch auf den antiken Arzt aus Athen: Alle Anordnungen sollen zum Nutzen des Patienten sein, und es gilt, Schaden von ihm abzuwenden, heißt es in dem nach ihm benannten Eid. Und so versuchen wir immer wieder aufs Neue, das ethische Niveau zu erreichen, das ein Grieche vor über zweitausend Jahren definiert hat.

Automatische Türen und Wasserhähne

Sowohl in der bahnbrechenden Gedankenwelt der Griechen als auch in ihren technischen Erfindungen entdeckt man immer eine große Portion Eleganz. Auch wenn oft von den opulenten römischen Bauwerken zur Wasserversorgung die Rede ist – und auch hier sein wird: Schon die Griechen hatten eine solche, sogar mit Druckleitungen, durch die Wasser in mehrere hundert Meter höher gelegene Stadtteile transportiert werden konnte, so z.B. durch eine relativ schlanke Tonröhre nach Pergamon. Damals waren sogar Bleileitungen bekannt. Es gab Waschbecken, in die automatisch Wasser strömte, wenn man vor sie trat, und der verwendete Kippmechanismus funktionierte besser als alle heutigen Sensoren der Gegenwart zusammen: Wer kennt nicht diesen Vorgang in einer Waschgelegenheit der Gegenwart: Hände unter den Wasserhahn. Nichts passiert. Hände wieder weggezogen. Das Wasser läuft.

Auch wenn man bei einem neuzeitlichen Waschbecken mit Sensorhahn ein Handtuch ins Becken legt und sieht, wie sofort Wasser auf das strömt, was eigentlich trocken sein soll, muss sich eingestehen: Die Griechen waren damals weiter.

Ebenso elegant mutete die griechische Orgel an. Auf ihr konnte man einfach so spielen, stundenlang, ohne dass sich ein Ministrant endlos auf einem Blasebalg schinden musste. Das wurde erst später modern. Warum einfach musizieren, wenn dabei auch jemand Buße tun kann? Griechische Geistliche begeisterten sich für automatische Tempeltüren, deren Flügel sich wie von Gottes Hand gelenkt öffneten, sobald man auf dem Altar ein Feuer entzündete. Später im Mittelalter rasselte wieder die primitive Kettenbrücke herunter.

Wieso waren die Griechen nur so schlau und gleichzeitig so lässig? Die Theorien von Leukipp und Demokrit zum Aufbau der Dinge und Elemente (Atomismus) verschlagen einem noch heute den Atem. Sie behaupteten: Alles, was wir sehen, ist aus winzigen Atomen aufgebaut. Nur die Atome selbst sind für die Ewigkeit geschaffen, alle Verbindungen aus ihnen, wir Menschen, Häuser und Landschaften dagegen zerfallen früher oder später. Wäre das antike Griechenland nicht irgendwann untergegangen wie alles, was aus Atomen zusammengesetzt ist, hätten die Griechen wahrscheinlich noch den Kernreaktor und die erste Mondlandung hinbekommen.

Vielleicht waren die Theorien der Griechen auch deshalb so elegant, weil sie stets Wert darauf legten, diese zu vermitteln. Nicht im Labor und im Gelehrtenzimmer wurde gebrütet, sondern stets mit und vor Publikum auf Straßen und Plätzen. Und die Leute wollten unterhalten werden. Norbert Froese nennt den typischen antiken Philosophen oder Mathematiker einen «Gentleman-Gelehrten», er forscht nicht, weil er von irgendeinem Konzern (wie es heute oft der Fall ist) oder einer Anstalt bezahlt wird, sondern aus freien Stücken. Er besticht durch sein gutes Aufreten, seine Brillanz im Sprechen und Überzeugen. Im Prinzip waren die Vorträge der antiken Philosophen Vorläufer der heutigen Science Slams, bei denen Autoren ihre Werke einem Publikum präsentieren, das entscheidet, wem es länger zuhört und wen es feiert. Wer schon mal Straßenmusik gemacht oder in der Fußgängerzone jongliert hat, weiß, wie schnell sich ein Publikum einem zu- oder abwenden kann. Wer seine Sache nicht versteht oder es nicht versteht, sie verständlich zu machen, der steht schnell allein da. Deshalb sind die Lehren der Griechen so mitreißend.

Der erste Buchclub der Welt

Sokrates beließ es beim Sprechen, von ihm sind keine Schriften bekannt, umso erstaunlicher, wie viele seiner Gedanken nur durch das Weitererzählen erhalten geblieben sind. Viele andere, wie Aristoteles, versäumten es nicht, ihren Platz in der Geschichte schriftlich zu untermauern, er hinterließ eine regelrechte Privatbibliothek. Der Umfang des antiken Wissens veranschaulicht nichts mehr als die Opulenz der Bibliothek von Alexandria, die auch Aristoteles' Werke erwarb. Ab 288. v. Chr. sammelten ihre Angestellten geradezu aggressiv alles Geschriebene. Schiffe im Hafen bekamen Besuch, der sich mit den Worten: «Haben Sie Schriften an Bord, wenn ja, her damit!», vorstellte. «Wir werden Abschriften anfertigen und Ihnen die Originale noch vorm Auslaufen zurückbringen.»

Das versprach man auch den Athenern, ließ sich die Werke von Sophokles zuschicken, um Kopien anzufertigen, z.B. von seinem Stück *Antigone*, das noch heute auf den Spielplänen unserer Theater steht. Und in der Tat wurden Kopien angefertigt, doch anstatt die Originale zurückzugeben – wie allen versprochen wurde –, erhielten die Verleiher nur die Kopien. Und das in einem atemberaubenden Tempo. Ein Heer von Schreibern schuftete in den Katakomben der Bibliothek. Stolz erzählte man sich, dass das Alte Testament in wenig mehr als siebzig Tagen übersetzt worden war.

Durch den Sammeleifer kamen bald fast eine halbe Million Schriftrollen zusammen. Leider sind diese Papyrusrollen völlig aus der Mode gekommen, dabei kann man mit ihnen ganz hervorragend lesen, indem man die untere Rolle ab- und dabei die obere Rolle aufrollt.

Am Bildschirm machen wir das heute mit Textdokumenten ganz genauso, dort nennen wir es «scrollen» – mit «the scrolls» bezeichnet man im Englischen genau jene antike Schriftrollen, die damals in Alexandria gesammelt wurden.

Rund vierzig Jahre nach ihrer Gründung war die Bibliothek die mit Abstand größte der Welt, der Schriftsteller Aulus Gellius will sogar siebenhunderttausend Schriftrollen gezählt haben. Zur Erinnerung: Dieses Monsterarchiv wurde zu einer Zeit geschaffen, als zwischen Nordsee und Alpen weder Schreiben noch Lesen beherrscht wurde und es nicht einmal einen lausigen Buchstaben gab.

Vielleicht hätte die rasante Vermehrung des Wissens in dieser Zeit auch die Menschheit in ihrer Entwicklung beflügelt, wenn nicht die ganze Bibliothek abgebrannt wäre. Den ersten ungewollten Brand hat noch Cäsar zu verantworten, als andere Teile der Stadt mutwillig angezündet wurden und das Feuer auch die Bibliothek erfasste. Doch die große und endgültige Zerstörung dieses Schatzes geht auf das Konto von Christen und Moslems. Theodosius schickte 389 n.Chr. Erstere, um alles zu zerstören, was nicht im Einklang mit der Bibel stand. Der Kalif Omar schickte später (642 n.Chr.) Horden von Gläubigen, heute würde man sagen «gewaltbereite Islamisten», die all das vernichteten, was die Christen nicht gefunden hatten: Schriften, die dem Koran widersprachen, mussten brennen. Mit ihnen wurde das Wasser der öffentlichen Bäder erhitzt; so wurde aus dem gesammelten Wissen einer bis dahin gelehrten Welt nichts als heißer Dampf. Nur wenige Augenblicke, und beides war für immer verschwunden.

Nichtsdestotrotz bedurfte es für den Niedergang und die Auslöschung der Bibliothek mehrerer Jahrhunderte, zudem schafften es Archivare immer wieder, Schriften zu verstecken und außer Landes zu schmuggeln.

Noch zerstörerischer als der Sturm im Namen Allahs in Alexandria war nur der Schlendrian der Kölner im Jahr 2009. In wenigen Augenblicken versenkten sie den kompletten Nachlass Heinrich Bölls, unzählige mittelalterliche Handschriften, Protokolle des Stadtrats ab 1320, insgesamt dreißig Regalkilometer, in einer Baugrube. War das Gebäude am Rande des großen, für den U-Bahn-Bau gebaggerten Lochs nicht genügend abgesichert? Ach wat, meinten die Bauarbeiter, wir baggern dat gleich wieder zu. Außerdem: Et hät noch emmer joot jejange!

In Alexandria gibt es erst seit 2002 wieder eine Bibliothek, die an die große Tradition anknüpfen will.

Der Duft von Mandeln und Oliven

Wenn man sich so durch das Nachmittagsprogramm der Privatsender zappt, erscheint selbst der Alltag der antiken Griechen glanzvoll. Tatsächlich glänzte man damals, da Duftöle beliebt waren. So waberte das Aroma von Mandeln, Oliven, Nüssen und anderen Ölquellen durch die Gassen. Parfümiert wurde sich auch in späteren Kulturen gerne, doch im Gegensatz zu den berühmt-berüchtigten Puder- und Parfümorgien am Versailler Hof von Louis XIV wusch sich der Grieche auch vorher. Schwämme fand er im Meer. Das Wort *Hygiene* stammt aus griechischer Feder. Heute wissen wir, wie wichtig Hygiene für die Gesundheit ist, dabei sagt das Wort nichts anderes, Hygiene kommt von *hygieinos* und das heißt eben: gesund.

Angesichts der Stärke, mit der uns die griechische Kultur

bis auf den heutigen Tag prägt, kann man nur erblassen. Das wiederum hätte den antiken Griechen gut gefallen, galt doch ein heller Teint als Zeichen von Reichtum, dafür, dass man nicht oft aus dem Haus musste, um schwere Arbeiten zu verrichten.

Die Liste der Dinge, die wir Griechen zu verdanken haben, ist lang. Sexuelle Freizügigkeit, auch unter Männern, erscheint z.B. im Nachhinein besonders progressiv, die sagenumwobene Knabenliebe hingegen war, aus heutiger Sicht, wohl nichts anderes als die sexuelle Ausbeutung von Minderjährigen. Und wo wir schon bei den Schattenseiten dieses sonnenverwöhnten Volkes sind: Es gab Sklavenhandel, natürlich Armut. Und auch der Feminismus ist keine Erfindung der alten Griechen. Platon glaubte, dass Männer, die sich in ihrem Leben unmoralisch verhalten hatten, zur Strafe als Frau wiedergeboren wurden. Damals konnte man sich kaum eine schlimmere Strafe vorstellen.

Was das Frauenbild betrifft, kommen selbst die Germanen besser weg. Tacitus war erstaunt, wie sehr sie auf ihre Frauen hörten: «Sie meinen, den Frauen sei eine gewisse Heiligkeit und eine seherische Gabe eigen.»

Eine wurde von den Germanen sogar als Göttin verehrt, Veleda aus Westfalen. Sie lebte in einem Turm und sagte bei einer der unzähligen Schlachten den Gewinner voraus. Gut, man könnte sagen, das ist eine Fünfzig-fünfzig-Chance, aber dennoch. Der Glaube an ihre Weisheit war so groß, dass sich noch heute ein Schweizer Pharmaunternehmen nach ihr benennt. Es hat sich auf homöopathische Mittel spezialisiert, bei denen ebenfalls der Glaube an ihre Wirkung der wichtigste Wirkstoff ist.

Vielleicht ist das schräge Frauenbild Platons auch dem

Einfluss des Sokrates geschuldet, dessen Gedanken Platon zuweilen notierte. Der ältere Kollege stand unter verbalem Dauerbeschuss seiner Frau Xanthippe, die ihn immer wieder ermahnte, endlich für ein Einkommen für sie und die drei Kinder zu sorgen. Sokrates floh vor ihren Vorhaltungen auf die Straße – vielleicht wäre er sonst als Küchenphilosoph in die Geschichte eingegangen. Nichtsdestotrotz nahm er die Schieflage des häuslichen Friedens mit Humor. Auf seine schwierige Frau angesprochen, erwiderte er, dass derjenige, der gut reiten lernen wolle, sich auch besser nicht das zahmste Pferd aussuche, sondern vielmehr das schwierigste. Und wenn ihn wieder einer seiner Freunde fragte, wie er es bloß mit Xanthippe aushalten könne, erwiderte er, dass er, wenn er es fertigbrächte, sich mit ihr zu verstehen, mit jedem Menschen der Welt auskommen könnte. Es war ein spitzer Humor, den er pflegte, und vielleicht war es das, was Xanthippe auf die Palme, oder sagen wir lieber, auf den Olivenbaum brachte.

Als Sokrates eines Tages wieder einmal nichtsnutzig vor der Haustür auf einer Bank saß, goss sie kurzerhand den Nachttopf über ihm aus. Spätestens da hätte wohl manch anderer Mann einen Schlussstrich gesetzt. Nicht so Sokrates, er nahm selbst das mit Humor und rief: «Seht, wenn sie donnert, dann regnet es auch!»

Was wir den Griechen zu verdanken haben

Logik
Automatische Türen
Gesundheit durch Hygiene
Bleileitungen (die waren mal hochmodern!)
Die Herrschaft des Volkes, also die Demokratie
Nana Mouskouri
Das Parlament
Hirtensalat
Das Hebelgesetz
$a^2 + b^2 = c^2$
Die Olympischen Spiele
Den Marathon
Das Höhlengleichnis
Hypno, Morpheus und andere Spezialisten
Die Idee von den Ideen
Die medizinische Ethik von Hippokrates
$\pi = 3{,}14$ usw.
Trojaner
platonischer Hass (ohne sich zu berühren)
Xanthippe, die erste Frau, die sich nicht alles gefallen lässt

AUFTRITT DER ITALIENER: DIE GANZ GROSSE SHOW

Stau im Alten Rom

Ich kann diese vergriechte Stadt nicht ertragen!
JUVENAL, RÖMISCHER DICHTER,
ÜBER DIE ZUSTÄNDE IN ROM

Als die Griechen ihr Innovationsfeuerwerk langsam verschossen hatten, ihr Stern zu verblassen begann, schickte sich ein anderes Volk an, Weltmeister im Erfinden, Ersinnen und natürlich Erobern zu werden: die Römer, Großväter der heutigen Italiener. Es sind wiederum Südeuropäer, die heute nach Meinung vieler Schlendrian und Inneffizienz gepachtet haben, die damals aber für das genaue Gegenteil standen: für eine hocheffiziente, hochentwickelte Gesellschaft. Auch ihr Glanz leuchtet bis in die Trümmer der Gegenwart. Ich sah diesen Glanz zuletzt, als ich auf der *Strada a pedaggio* vor Rom im Stau stand. Direkt vor der Auffahrt auf die *Grande Raccordo Anulare*, von der es immer noch eine Ewigkeit ins Zentrum dauert, war meine Klimaanlage ausgefallen. Eigentlich hatte sie von Anfang an nicht funktioniert, schon in Florenz nicht, wo ich den Wagen abgeholt hatte, nicht ohne vorher einen Aufschlag für ebendiese Klimaanlage entrichtet zu haben. So lange der Fahrtwind wehte, machte ich mir keine Gedanken, aber hier im Stau herrschte brütende Hitze, die den Asphalt schmelzen ließ. Ja, ich fuhr einen italienischen Leihwagen, einen *Lancia Musa*, und leider bestätigten sich alle Vorurteile, die es über italienische Automobilbaukunst gibt.

Wie kann es möglich sein, fragte ich mich, dass dieses Volk, das einst ganz Europa mit seinen präzisen Bauwerken überzog, das schon vor über zweitausend Jahren Fußbodenheizungen ebenso kannte wie Kindergeld, heute nicht mehr in der Lage war, die Schlaglöcher zu stopfen und eine zeitgemäße Kutsche zu bauen, deren elementare Funktionen die knapp dreistündige Fahrt zwischen Florenz und Rom durchhielt? Überhaupt ist es mir unbegreiflich, wie die chaotischen Italiener von heute tatsächlich die Nachfahren dieser ungemein effizienten Römer von damals sein können.

Während meine Gedanken mit der Fahrbahndecke dahinschmolzen, sah ich einen alten, römischen Kilometerstein, der, im Gegensatz zu vielen Wegweisern aus der Gegenwart, bis heute exakt senkrecht stand. War früher alles besser? Wenn ich tatsächlich nicht heute, sondern in der Antike Rom angesteuert hätte, wäre ich wahrscheinlich nicht glücklicher gewesen, denn damals stand die Stadt ebenfalls kurz vor dem Verkehrskollaps. Man hing in einem Chaos wartender Kutschen fest, natürlich ohne Klimatisierung, es wurde geflucht und in den Staub gespuckt. Den bekannten Ausspruch «Alle Wege führen nach Rom» sollte man eigentlich mit «... und damit in den Megastau» ergänzen.

Roms Herrscher Cäsar war vom Stop-and-Go irgendwann genervt und erließ schließlich Zufahrtsbeschränkungen. Lieferanten durften zwischen sechs und sechzehn Uhr nicht mehr ins Zentrum fahren. Sie kamen fortan nachts, ihre Rufe und das Gerumpel der Fuhrwerke hallten von den Wänden der Gassen wider, so laut, dass der Dichter Juvenal fluchend in sein Tagebuch schrieb: «Ich kann weder schlafen noch dichten bei diesem Lärm!» Dabei warteten gerade die reichen Bürger darauf, dass ihnen die unzähligen Kurierfahrer schnell die von ihnen bestellte Ware brachte.

Was die Bestellmöglichkeiten betrifft, war man nicht mehr weit von denen des Internets entfernt. Nur, dass das Angebot in Marmorkataloge gemeißelt wurde, die sich Senatoren und andere Geldsäcke Roms von Sklaven zeigen ließen und eben bestellten: Blumen, Möbel, Kleider und – was mich sehr erstaunte, als ich es zum ersten Mal las – sogar Schnee.

Ja, eine Schippe Schnee in meinen Lancia geschaufelt, kurz vor Rom und Mitte August im Jahre 2012, das wäre es, dachte ich.

Eiswürfel – die Szenedroge Roms

Damals gab es tatsächlich einen regen Schneehandel. Das kalte Weiß wurde von den Hängen der Abruzzen erst mit Eseln, dann mit Kutschen herangeschafft, ein ganzes Heer von Lieferanten kümmerte sich darum. Man kann sich vorstellen, wie laut die Flüche eines Schneelieferanten ausfielen, der so wie ich mitten im Hochsommer im Stau vor Rom steckengeblieben war.

Hatte man es dennoch geschafft, den Schnee halbwegs unaufgetaut zu seinem Bestimmungsort zu bringen, wurde er von der Kutsche in unterirdische Speicher geschaufelt und festgetreten, sodass er sich in etwas verwandelte, das in den Augen der Römer noch wertvoller war als Schnee: Eiswürfel.

Sie brachten mehr Geld als der Wein, in den sie zwecks Kühlung desselben geworfen wurden.

Die High Society der Antike gönnte sich auch zur heißesten Jahreszeit eiskalte Drinks, und nicht nur das. In Kreisen, in denen Geld keine Rolle spielte, wurde alles gekühlt: die Füße, der Kopf, das Früchtebuffet, der Pool, der Fußboden. Schnee und Eis wurden zur Szenedroge. Von ausgemergelten Eisjunkies wurde berichtet; junge Männer, die bei allen angesagten Partys dazugehörten und ausschließlich das kostbare Kalt zu sich nahmen. Alle waren verrückt nach dem Zeug.

Kaiser Marcus Antonius ließ sich sogar einen großen Haufen Schnee in den Garten schütten, für eine Schneeballschlacht bei dreißig Grad im Schatten – wie ungemein erfrischend!

Diese Umstände sind noch nicht einmal besonders dekadent, wenn wir sie mit dem vergleichen, was *wir* heute veranstalten. Auch wir wollen im Hochsommer Ski fahren und lassen uns dafür künstliche Skihallen errichten, mit Lift, Schanzen und allem, was es braucht, um die Jahreszeiten auf den Kopf zu stellen. Wird es bei uns im Sommer warm, werden diese Hallen mit ungleich größerem Aufwand als damals gekühlt.

Als ich mir diesen Abgrund menschlicher Verschwendungssucht an einem heißen Julitag einmal genauer anschaute, war ich völlig überrascht, in der künstlich gefrosteten Halle eine Skihütte mit Heizung zu entdecken! Aber damit war der Wahnsinn noch nicht perfekt, denn an diesem heißen Sommertag – ich muss es wiederholen, weil es so absurd ist – befand sich in der geheizten Skihütte innerhalb der gekühlten Skihalle: ein Kühlschrank. Und darin: ein warmes Bier.

Selbst der römische Kaiser Marcus Aurelius hätte in seinem kleinen Schneeberg im Garten mit dem Kopf geschüttelt angesichts der Dekadenz einer *Ski World Arena* – oder wie die Dinger heißen. Wir haben uns an unseren Sittenverfall gewöhnt, essen ganzjährig Erdbeeren, die im Winter aus immer ferneren Regionen herangekarrt werden müssen. Unser Gas kommt aus Tausende Kilometer entfernten Quellen, Thunfisch und Shrimps stammen aus sämtlichen Weltmeeren. Aber wenn in bestimmten Regionen Somalias die letzten Wasserstellen austrocknen, hört man, die Erde könne die vielen Menschen nicht mehr ernähren. Tja, so ist das halt, seufzen wir dann schulterzuckend. Nein, um es ganz klar zu sagen: Wenn heutzutage Frauen Wasser aus Flaschen von Vittel und Volvic trinken, die mit dem LKW aus Südfrankreich herbeigeschafft worden sind, und Männer Steaks aus Argentinien essen, dann könnte man es auch so organisieren, dass die Frauen in Somalia Vittel und Volvic bekommen und ihre Familien die Steaks aus Argentinien. Technisch ist das machbar. Aber damals wie heute gilt: Wer gut bezahlt, dem werden im Winter die Erdbeeren gebracht. Oder im Sommer der Schnee. Denn «keiner würde gerne warmen Wein trinken, sondern vielmehr solchen, der im Brunnen abgekühlt und mit Schnee vermischt ward», konstatierte damals ein griechischer Schriftsteller. Das ist das Besondere am Beruf des Schriftstellers: Selbst eine derart banale Zeile hält sich mit Glück dreitausend Jahre und wird am Ende für die Nachwelt noch interessant. Offensichtlich haben sich also die Römer die Kühltechnik von den Griechen abgeguckt. Vielleicht war es das, was der Dichter Juvenal meinte, als er in einem seiner nächtlichen Tagebucheinträge schimpfte: «Ich kann diese *vergriechte* Stadt nicht ertragen.» (Partywissen: Auch der Begriff «Brot und Spiele», mit dem die Entpolitisierung der Bevölkerung durch ebendiese kritisiert wird, stammt von Juvenal. Also, wenn Sie das nächste Mal irgendwo hören, dass jemand «Brot und Spiele» sagt, rufen Sie einfach laut: «Juvenal», machen eine kurze Pause, und ergänzen dann: «Der hat's gesagt.»)

Die Römer hatten es einfach drauf. Nicht nur, wie man eintausendsiebenhundert Jahre, bevor der Deutsche Carl von Linde den Kühlschrank erfand, jegliche Form von Kühlung organisierte, sondern auch, wie man alles andere zum Funktionieren bringt.

Glatte 1 für römische Straßen

Im Gegensatz zum heutigen, maroden Rom war das antike von 100 n. Chr. richtig in Schuss. Da war auch noch die Autobahn in Ordnung, mein Lancia, der jedes Schlagloch mit einem Wimmern der Karosserie – oder wie man das in Italien nennt – quittierte, hätte sich jedenfalls gefreut. Natürlich waren das damals keine Autobahnen im heutigen Sinne, aber das Römische Reich hatte schon im Jahr 50 n. Chr. mehr befestigte Fernstraßen als die Bundesrepublik 1982.

Sie führten von hier bis hinauf nach Köln, Paris, ja bis London und weiter bis zur schottischen Grenze. Und auf diesen Straßen war man schnell. Cäsars persönlicher Rekord lag bei über hundert Kilometern pro Tag. Mit einem *Cisium*, dem Coupé unter den Kutschen, schafften es Einzelne sogar bis auf dreihundert Kilometer am Tag, natürlich mit Pferdetausch. Das hieß, dass ich in der Gegenwart auf der italienischen A1/E35 mit einem Auto fast genauso viel Zeit benötigte wie ein forscher Bote vor einigen tausend Jahren.

Wer heute seinen Wagen in Palermo oder Napoli parkt, dem bieten Jugendliche mitunter an, dass sie in Abwesenheit des Besitzers auf das Auto «aufpassen» würden. Geht man nicht auf das freundliche Angebot ein, muss man mit Schrammen und Schlimmerem rechnen. Hier lernen schon die Jüngsten, wie man professionell Schutzgeld erpresst – Bildung ist ja heute wichtiger denn je.

Im Alten Rom hingegen gab es ein strenges Parkplatzregime inklusive Parkverbote und eingeschränkter Halteverbote. Die Parkplatznot war so groß, dass viele römische Bürger darauf verzichteten, eigene Kutschen zu halten. Sie mussten dennoch auf dem Komfort nicht verzichten, denn am Stadtrand hatten zwei findige Römer eine tolle Idee: *Sixtus* und *Europcarus* hätten sie heißen können, denn sie gründeten die ersten Leihwagenfirmen der Weltgeschichte.

Die Vorfahren der Italiener bebauten also ganz Europa mit Straßen, die derart solide waren, dass Teilstücke davon noch heute erhalten sind, während es den Römern von heute nicht einmal gelingt, die Autobahn von Neapel nach Kalabrien in die *Reggio di Calabria* fertigzustellen. Mitschuld daran ist die *Ndrangheta*, die für diesen Abschnitt «zuständige» Mafia: Sie erpresst Firmen, die nicht mit ihnen kooperieren wollen. Immer wieder werden nachts Baumaschinen in Brand gesteckt. Sind die Firmen erst mal eingeknickt, müssen sie den Zement von der *Ndrangheta* zu überteuerten Preisen einkaufen. Noch dazu ist dessen Qualität so schlecht, dass Brücken und Fahrspuren nach kürzester Zeit wieder wegbröckeln. Deshalb geht hier nichts, seit vielen Jahrzehnten.

Unter dem ungewohnt konsequenten Ministerpräsidenten Mario Monti kamen immer mehr Skandale ans Tageslicht, die zuvor unter den Teppich gekehrt worden waren. Italien hat Europas größtes Parlament mit den meisten Abgeordneten, die zugleich die höchsten Diäten beziehen. Nur Siziliens Regionalparlament, auch «das Griechenland Italiens» genannt, toppt diese Zahlen, dort gibt es – bezogen auf die Bevölkerungszahl – noch mehr Politiker. Dazu 27000 Förster – und kaum Wald. Für jeden sizilianischen Krankenwagen werden dreizehn Fahrer bezahlt. Wahrscheinlich soll die medizinische Versorgung selbst dann gesichert bleiben, wenn zwölf Fahrer erkranken.

Aber was hat man früher besser gemacht? Die Römer haben all ihre Zirkusse, Brücken und Straßen oder den rund sechzig Meter langen Tunnel im *Furlo*-Tal, der seit seiner Inbetriebnahme im Jahr 76 n.Chr. bis heute (!) benutzt wird, ohne privaten Investor gebaut. Cäsar hat nie daran gedacht, die römischen Wasserwerke an einen Hedgefonds zu verkaufen.

Und gab es tatsächlich Widerspruch in der Bevölkerung, wenn es um Bauvorhaben oder Ähnliches ging, durften die Bürger ihre Einwände im Circus vortragen. So konnte man planen. Stiegen die Kosten der römischen Großprojekte über den Kostenvoranschlag, wurden die Verantwortlichen kurzerhand den Löwen zum Fraß vorgeworfen. Davon kann man in Stuttgart, beim Berliner Flughafen oder der Elbphilharmonie nur träumen. Angesichts der Tatsache, dass heutzutage bei jedem öffentlichen Bauprojekt Kosten explodieren, wäre dies eine zwar martialische, aber effektive Methode, die bei Firmen, die sich um Ausschreibungen bemühen, Eindruck machen dürfte.

Auch auf dem Gebiet unseres heutigen Deutschlands profitierte man von der Innovationsfreude der Römer. Den Kölnern errichteten sie die erste Rheinbrücke überhaupt, wie immer ein Meisterstück der Baukunst. 400 n.Chr. verfiel sie – warum? Weil die Römer nicht mehr da waren und Buschvölker aus dem Eichendickicht die Macht übernommen hatten. Erst 1855 brachten die Kölner es fertig, eine neue Brücke zu errichten. Das ist, bei den Zeiträumen, die wir hier besprechen, fast bis heute. Über tausendvierhundert Jahre hingen die Kölner also in ihren Kneipen ab und fragten sich: «Vor wat brochen wir ä Bröck, dat is eh die verkehrte Siek vom Rin.» Wenn es nach ihnen gehen würde, gäbe es wahrscheinlich bis heute keine Rheinbrücke nach Deutz.

Dass die Römer damals nicht dem Verfall Einhalt gebieten und in Köln für Ruhe und Ordnung sorgen konnten, lag daran, dass sich auch ihr Reich auflöste. Zuvor hatten sie Köln allerdings zu etwas gemacht, was es seitdem nie wieder war: eine geordnete Stadt. So setzten die Römer ein Straßenraster durch, das aus einem rechtwinkligen Netz aus Ostwest- und Nordsüdstraßen bestand, höchst übersichtlich, wie wir es heute noch aus den USA kennen. Hätten die Kölner es einfach beibehalten, könnten wir noch heute am Hauptbahnhof vor dem Dom in ein Taxi steigen und einfach sagen: «Bringen Sie mich in die 42. Straße.» Wer das einmal in der Gegenwart probiert hat, kennt die Zustände. Wann immer man in Köln in ein Taxi steigt, um von A nach B zu kommen, hört man nur: «Heut jet hier jar nichts mehr. Kölle es zo!»

Nebelfaktor und Sonnenfaktor

Es gibt eine unseriöse und höchst diskriminierende These, nach der Länder umso höher entwickelt sind, je kälter es in ihnen ist und sie entsprechend umso schwächer entwickelt sind, je wärmeres Klima in ihnen herrscht.

Ausgangspunkt für die These ist ein Blick auf den Äquator, an dem entlang die ärmsten Länder der Erde zu finden sind, sowohl auf dem amerikanischen als auch auf dem afrikanischen und dem asiatischen Kontinent. Ist es in bestimmten Regionen vielleicht einfach zu warm, um zu arbeiten? Und im Norden hingegen ein Muss, damit es wenigstens ein bisschen gemütlich wird?

Auch Thilo Sarrazin stellt in seinem Buch «Europa braucht den Euro nicht» eine ähnlich gewagte These auf und nennt sie den «Nebel-Faktor»: Ihr zufolge würden Völker, die in einem kalten, nebligen Klima leben müssen, von der Natur gezwungen, für harte Zeiten vorzusorgen, Vorräte anzulegen, zu sparen; während Völker in einem warmen Klima – man kann es sich förmlich vorstellen – gar keinen Grund haben vorzusorgen, sondern einfach alles verprassen und ansonsten am Strand abhängen.

Wie wir aber bis hierhin gesehen haben, widerspricht dieser zugegeben griffigen These die Tatsache, dass die effizientesten Hochkulturen Europas, von deren konservierten Geistesvorräten in Form von Wissen wir noch heute leben, eben nicht im Norden, sondern am Mittelmeer lagen.

Kleopatra – das erste «Teppichluder» Europas

Leider konnte man mit der Zeit erste Anzeichen moralischen Verfalls im Römischen Reich feststellen. Vor allem in der obersten Schicht machte sich ein Lotterleben breit, ich erwähnte schon Tacitus, den die Treue der Germanen zu ihren Frauen so beeindruckte, weil er so etwas von zu Hause gar nicht kannte.

Uns beeindrucken bis heute eher die Bettgeschichten Cäsars, aber lange nicht alle. So kennt kein Mensch die Liebesgeschichte zwischen Calpurnia Piso und dem römischen Kaiser Julius Cäsar. Warum? Sie waren verheiratet, wie langweilig! In die Erinnerung des Weltwissens haben sich nur große Affären eingebrannt, wie die zwischen Cäsar und Kleopatra – mit Liz Taylor hatte er dagegen nie etwas. Kleopatra gelang etwas, das nur Frauen hinbekommen: Sie war in den entscheidenden Momenten ihrer Karriere nackt, hatte aber trotzdem immer die Hosen an – zum Beispiel, als sie unter dubiosen Bedingungen Cäsar kennenlernte.

Zum damaligen Zeitpunkt brauchte sie Hilfe in ihrem zerstrittenen ägyptischen Reich und schaute, wer das einflussreichste Männchen war. Dieses Alphamännchen hieß Cäsar und war verheiratet. Das kann eine zielorientierte Frau natürlich nicht aufhalten, also ließ sie sich nackt in einen Teppich wickeln und nachts am Palast von Cäsar «anliefern». Cäsar war es, durch seine selbst erlassenen Fahrverbote für Lieferanten, gewohnt, dass Ware spät kam, und hat wahrscheinlich nur geflucht: «Wer zur Hölle hat einen Teppich bestellt?» Der Bote führte daraufhin seinen Auftrag aus, entrollte den Teppich und gab den Blick auf die unbekleidete junge Königin frei.

Cäsars Vergnügungssucht war stadtbekannt, und so wusste auch Kleopatra, dass er dieses eindeutige Angebot nicht ausschlagen würde. Damit dürfte sie das erste Teppichluder der Weltgeschichte gewesen sein.

In der besagten Nacht im Jahr 48 v. Chr. war Kleopatra einundzwanzig und Cäsar schon über fünfzig. Ein Jahr später war

Kleopatra schwanger. Sie wollte gerne in der Nähe des Kinds-vaters leben und zog tatsächlich für einige Zeit nach Rom, die Stadt, in der auch Cäsars Ehefrau Calpurnia lebte. Kein Pro-blem, der Imperator organisierte ein zweites Appartement und lebte eine Beziehungsform, die heute als «Modell Seehofer» bekannt ist. Das untergrub seine eh schon schwindende Auto-rität, und so kommt es zu der berühmten Verschwörung im römischen Senat, bei der Cäsar von dreiundzwanzig Messer-stichen niedergestreckt wird. Der letzte, das ist bekannt, wurde ihm von Brutus zugefügt, angeblich auch ein uneheliches Kind von Cäsar, was allerdings umstritten ist, da er bei dessen Geburt selbst erst fünfzehn Jahre alt gewesen war.

Kleopatra ändert ihre Strategie in Sachen Alphamännchen nicht, der neue zu erobernde starke Römer heißt Antonius. Sie lädt ihn zum Essen auf ihr Schiff ein, und wie das so ist, wenn man ein Bankett vorbereitet, Früchte klein schneidet, den Tisch eindeckt – man vergisst die Zeit, plötzlich klopft es, und man merkt: «Huch, ich habe mich ja noch gar nicht angezogen!» So erging es auch Kleopatra. Sie hatte gerade noch Zeit, ihre Krone aufzusetzen – ein Anblick, dem auch der eintretende Antonius nicht widerstehen konnte.

Kleopatra wurde seine Geliebte, und Antonius war ihr bald völlig verfallen, boxte sie aus Konflikten raus, schenkte ihr Ländereien – und sie schenkte ihm drei Kinder. In einer unglücklichen Seeschlacht wurde Antonius schließlich vom Feind gerammt und sein Schiff versenkt. Kleopatra, ebenfalls mit einem Schiff bei der Schlacht dabei, sah ihm zu, erschro-cken zwar, half ihm aber nicht, sondern zog es vor, das Weite zu suchen. Zwar konnte sich Antonius noch in Sicherheit bringen, doch im herrschenden Chaos ging er davon aus, ihr Schiff sei ebenfalls getroffen worden und seine Geliebte ertrunken – verzweifelt nimmt er sich das Leben.

Auch wenn Kleopatras Verschleiß an Herrschern bis dahin bereits beachtlich war, versuchte sie, auch noch den nächsten starken Mann Roms auf ihre Seite zu bringen: Octavian. Allerdings ist Kleopatra zu diesem Zeitpunkt schon deutlich älter, und der Verführungsversuch gerät zur Hängepartie. Octavian zieht es vor, Kleopatra in den Kerker zu werfen. Kurz darauf ist sie tot, gebissen von einer Kobra. Sie kroch aus einem Korb, in dem eigentlich ausschließlich Feigen sein sollten.

War es Mord oder Selbstmord? Ich denke, möglicherweise war es auch nur das Desinteresse der Caterer. Damals kümmerten sich Sklaven um das Essen, und wenn es hieß: «Ein Korb Feigen für Zelle XII», dann wurden die eben schnell in einen Korb geworfen, auch wenn es sich in ihm eine Kobra zum Mittagsschlaf gemütlich gemacht hatte. Egal, Deckel drauf, Feierabend.

Keine Frau hat Historiker mehr fasziniert als Kleopatra, mal wurde sie «Die Kurtisane vom Nil» genannt, an anderer Stelle «Königin Hure», einer sieht ihre große Anzahl an Verführungen von mächtigen Männern als das, was sie waren: eine – zugegeben ungewöhnliche – Form von Bündnispolitik.

Und woher wissen wir das alles? Plutarch hat es aufgeschrieben. Er war der Guido Knopp der Antike, der Geschichte unterhaltsam aufbereitete. Leider über einhundert Jahre *nach* den Ereignissen. Einiges hatte er von diesen gehört, einiges von jenen, und so schließt er seinen Bericht mit den Worten: «Vielleicht war auch alles ganz anders.»

Die turbulenten Geschichten um Cäsar, Kleopatra und ihre späteren Liebhaber aus dem Machtzentrum Roms sind schon erste

Anzeichen eines Verfalls dieses Riesenreiches. Die Frage «Wie konnte das Römische Reich untergehen?» ist eine der spannendsten überhaupt, lässt sich aus ihrer Antwort doch auf den Untergang anderer Reiche auch der Gegenwart schließen. Deshalb kommt dieser dramatische Showdown im nächsten Kapitel gebührend zur Sprache. Doch die Liste der Dinge, die Italiener erfunden haben und die wir heute noch nutzen, ist trotz aller Abgründe auch der römischen Gesellschaft lang. Vieles geriet zunächst in Vergessenheit, als unsere peinlichen Vorfahren bei der Zerstörung Roms mitgewirkt haben. Bevor also gleich alles vor die Hunde geht, ist es Zeit, noch mal «Danke» zu sagen.

Was wir den Italienern zu verdanken haben

Mörtel (Mortarium)
Vespa
Antipasti
Religionsfreiheit
Adriano Celentano
Gips (Gypsum)
Toskana
Zement (Cementum)
Fenster (Fenestra)
Bankwesen
Barilla
Sixtinische Kapelle
Gondolieri
Moneten (Moneta)
Den Monat Juli
Chianti
Mona Lisa
Computer (Computatorium = Rechenbrett)
Glasherstellung
Versace
Julianischer Kalender
Fiat Cinquecento
Bunga Bunga
Stradivari
Brot und Spiele
Michelangelo
Erste Rheinbrücke für Köln
Leonardo da Vinci

ROMURLAUB VON GERMANEN UND GOTEN ENDET
KATASTROPHAL

Vandalen ohne Sandalen

Nur Frauen brauchen Straßen.
ALARICH, GESCHÄFTSFÜHRER
DER GOTEN, 410 N. CHR.

Heute ist es für uns unvorstellbar, dass unser Land noch einmal zu einem Entwicklungsland werden könnte. Es erscheint uns ebenso absurd wie die Vorstellung, die ARD würde irgendwann einmal keine *Lindenstraße* mehr ausstrahlen. Doch schon frühere Generationen haben es sich nicht vorstellen können, dass *Dallas* eingestellt, *Take That* aufgelöst werden und Michael Jackson jemals sterben würde.

Auch für den römischen Kaiser Augustus lag es außerhalb jeglichen Vorstellungsvermögens, dass ihm einmal ein ungeduschter Westgote seinen stinkenden Fuß ins Gesicht drücken würde. Wie konnte etwas so Mächtiges und Großes wie das Römische Reich zerfallen? Eine Frage, die uns heute angesichts eines ebenfalls vom Zerfall bedrohten Europa brennend interessieren sollte. Eines ist sicher: Es geht. Bei uns ist das Kaiserreich untergegangen, die erste demokratische Republik und zum Glück das in seinen Dimensionen und seiner Macht fast römisch anmutende Dritte Reich. Die Sowjetunion ist verschwunden und das *Schlecker*-Imperium. Jedes Mal verloren einige Despoten dabei ihren Job. Und es stellen sich gleich mehrere Fragen: Wieso passiert das immer wieder? Kann man denn nun aus der Geschichte lernen oder nicht? Welche Fehler dürfen wir nicht wiederholen, wenn wir einmal selbst auf dem Herrscherthron sitzen?

Gründe für das Siechtum des Römischen Reiches gab es viele. Vor allem war das Riesenreich irgendwann zu riesig, um es zu kontrollieren. Das ist die naheliegende Ballontheorie, nach der jeder Ballon einmal platzt, wenn man ihn immer weiter aufpustet. Gleichzeitig waren einige römische Herrscher zum Zeitpunkt der größten Ausdehnung des Ballons weder Vorbilder noch stark genug, um den Laden zusammenzuhalten. Es wurde gehurt und gemordet, selbst die nächste Verwandtschaft, wenn es einem in den Kram passte. Es wurde geprasst, und es wurden Intrigen angezettelt. Nicht zufällig stammt «intrigieren» aus dem Lateinischen und heißt «jemanden in Verlegenheit bringen». Auch heute wird in der Politik mit Leidenschaft intrigiert, was man nicht mit integrieren verwechseln darf, das genau das Gegenteil meint.

Auch ein anderes Phänomen, das den Römern zu schaffen machte, kennen wir heute nur zu gut: der demographische Faktor. Rom litt unter Bevölkerungsrückgang, einer alternden Gesellschaft. Augustus versuchte, den Geburtenrückgang zu stoppen, indem er andere Steuergesetze erließ: Wer Kinder bekam, wurde steuerlich begünstigt. Wer keine bekam, musste Strafsteuern bezahlen. Doch vergeblich. Die Anreize liefen ins Leere wie unser heutiges Elterngeld.

Gleichzeitig vergrößerte sich die Schere zwischen Arm und Reich. Kommt einem irgendwie bekannt vor, oder? Auf fünfzig bis achtzig Millionen Menschen wird die Bevölkerung im Römischen Reich nach Christi Geburt geschätzt, nur ein Prozent von ihnen verfügte über Reichtum. Sklaven verdienten sowieso nichts, aber ein einfacher, freier Römer brachte es auch nur auf vier Sesterzen am Tag. Gleichzeitig konnte sich der reiche Nachbar einen Haussklaven für hunderttausend Sesterzen kaufen.

Die Unzufriedenheit wurde immer größer, der Hass auf die Verschwendungssucht der antiken High Society wuchs.

Ein Pferd wird zum Senator ernannt

Mit ein Grund für das Ende der bis dahin am höchsten entwickelten Gesellschaft der Welt war angeblich auch jene berühmte Dekadenz, die vor nicht allzu langer Zeit ein deutscher Außenminister bei Hartz-IV-Empfängern ausgemacht haben will. Jaja, Arbeitslose können ein Lied über die Probleme mit den Sklaven singen, die einem das Arbeitsamt geschickt hat. Nie lassen sie einem rechtzeitig das Bad ein, den Rücken massieren sie auch nur stümperhaft, und jedes Mal muss man sie erst dazu auffordern, einen mit Weintrauben zu füttern.

Der Vergleich des Außenministers ist natürlich keiner, es ist schwer, an die Dekadenz der Römer heranzureichen: Als man z.B. entdeckte, dass Wein in Amphoren am bestens kühlt, wenn man das Gefäß permanent befeuchtete und ihm die ganze Nacht auf dem Dach Luft zufächelte, konnte man fortan unzählige Sklaven beobachten, die über der dunklen Stadt fächelten, bis die Sonne aufging. Liberale mögen denken, klasse, das belebt die Wirtschaft, auch schlecht ausgebildete Kräfte haben die Chance auf einen Ein-Sesterzen-Job! Aber die meisten anderen würden es als Verfall von Anstand und Sitte ansehen.

In diesem Zusammenhang wird oft die Tatsache erwähnt, dass Kaiser Caligua sein Pferd zum Senator ernannte. Ist das ein Zeichen spätrömischer Dekadenz oder nicht doch eher exzentrisch? Wie dem auch sei, das Pferd ist weder durch dumme Vorschläge noch durch lausige Reden aufgefallen, im Hinblick auf die Leistungen menschlicher Politiker hat es also keinen schlechten Job gemacht. Oder anders gesagt: Ob nun Philipp Rösler Wirtschaftsminister ist oder ein Pferd – wer würde den Unterschied bemerken?

Die Bohnenmatschmaske von Neros Frau

Was soll eine Regierung eigentlich machen? Regieren. Doch 54 n.Chr. fing Kaiser Nero an, sich in seinem Amt zu langweilen. Er hielt sich für einen begabten Schauspieler und nervte die ganze Stadt mit seinen Auftritten. Als Kaiser hat man die Macht, sich die Hauptrollen zu geben, und so umgab sich Nero mit Claqueuren, die jeden seiner Sätze hysterisch beklatschten. «Claquer» kommt aus dem Französischen und heißt «klatschen». Heute nennt man die Anklatscher im Fernsehen *Warm Upper*, und wer Zeuge ist, wie das Publikum nach einem schlechten Gag in einer Late Night Show ausrastet, bekommt einen Eindruck davon, auf welchen Zuspruch sich Nero bei seinen Vorstellungen verlassen konnte.

Vielleicht war auch die Langeweile daran schuld, dass sich

Nero in eine Frau namens Poppaea verknallte, obwohl er verheiratet war. Kurzerhand lässt er seine Mutter und seine Frau hinrichten, um für seine neue Flamme frei zu sein. Selbige funktionierte den gemeinsamen Palast zur Beauty Farm um. Über einhundert Assistentinnen waren damit beschäftigt, sie unentwegt zu schminken, einzucremen und ihre Zähne mit Pulver aus Bimsstein zu bleachen. Vermutungen, der Hang zu Cremes, die giftiges Bleiweiß enthalten, hätten zum Untergang des weiblichen Teils des Römischen Reiches beigetragen, erscheinen mir allerdings etwas gewagt. Ihre schädliche Wirkung wird ebenso überschätzt wie heute die der Cremes von Uschi Glas, denen man einen direkten Zusammenhang mit dem Niedergang unseres heutigen Europa auch nicht nachweisen kann.

Zum Ausgleich für die aggressive Behandlung des Tages ließ sich Poppaeas für die Nacht eine Gesichtsmaske aus Bohnenbrei auflegen, zumindest optisch eine Vorwegnahme der Pestsymptome im späteren Mittelalter und Auslöser von ehelichem Frust bei Nero. Immer wenn er nach Hause kam, lief nichts wegen der Bohnenmaske. Schließlich starb Poppaea infolge eines Fußtritts ihres Mannes. Vielleicht hat Nero seine Frau unter der Bohnenmatschmaske nicht wiedererkannt und sie für einen Einbrecher gehalten.

Neben den Kosmetika standen auch die Bleischalen der Ur-Italiener im Verdacht, ihre Nutzer nach und nach zu vergiften: Ließ man den Wein länger in ihnen ruhen, schmeckte er süßlich. Das neue Partygetränk kam zwar gut an, leider entstand der süßliche Geschmack aber durch Bleiacetat, das vermutlich Demenz auslöst. Eigentlich eine Crux: Gerade das Kultivierte der Römer, das sich darin ausdrückte, Wein aus schönen Bleigefäßen zu trinken, war ungesünder als das Barbarentum, das bald in Rom Einzug halten sollte: Die gotischen Eroberer pfiffen auf die Etikette, traten einfach ein Loch ins Fass, legten sich darunter und öffneten den Mund. Das mag zwar nicht dem Knigge entsprechen, gesünder (zumindest in Bleihinsicht) war es allemal.

Im Übrigen sind wir, was schleichende Gifte betrifft, heute nicht viel weiter als im Alten Rom. Ob nun die Schweinegrippe ausbricht, Menschen an Biosprossen sterben oder Kinder an chinesischen Erdbeeren erkranken – die Gefahrenquelle zu entdecken und zum Versiegen zu bringen ist schwer. Wie also hätten die Römer darauf kommen sollen, dass ausgerechnet ein Teil ihres Geschirrs krank machte? Stiftung Warentest gab es noch nicht.

Rom brennt, Nero pennt

An einem windigen Julitag 64 n. Chr. stand schließlich ganz Rom in Flammen. Wer war dafür verantwortlich? Hatte etwa jemand das Feuer gelegt, wo doch die Strafe hierfür ebenso furchtbar wie naheliegend war: Tod durch Verbrennung?

Oft wurde Nero selbst die Brandstiftung angehängt, war es doch sein formuliertes Ziel gewesen, die Stadt größer und schöner umzugestalten. Brandsanierung, sozusagen.

Nachweisen konnte man ihm das jedoch nicht, zumal er sich zum Zeitpunkt des Brandes in einer ganz anderen Stadt aufhielt. Seine Reaktion auf die Nachricht «Rom brennt!» war allerdings recht merkwürdig. Wenn man den Quellen glauben darf, rief er: «Der Arme!» Dachte er, sein Hund würde brennen, den er «Rom» getauft hatte?

Tatsächlich war das Feuer wohl in einem Souvenirshop im Circus Maximus ausgebrochen, und es spricht für die solide Bauart des Circus, dass er weniger Schaden nahm als der Rest der Stadt, die bald in qualmenden Trümmern lag: zu eng war sie gebaut worden, eine anständige Feuerwehr gab es nicht, vom THW ganz zu schweigen.

Als sicher gilt indes, dass die Beschuldigung der Christen als Brandstifter auf Neros Konto ging. Ein Punkt, bei dem es sich aufzuhorchen lohnt, denn an diesem Zeitpunkt begann ihre beispiellose Erfolgsgeschichte. Heute ist das Christentum die größte Religion der Welt, fast ein Drittel der Menschen sind Christen, doch im Rom Neros waren sie nicht gerne gesehen: Beten konnten sie damals nur heimlich, sonst riskierten sie ihr Leben. Doch viele taten es trotzdem, Tendenz steigend. Jesu Botschaft von einem universellen Gott verbreitete sich wie von selbst und wurde begeistert aufgenommen. Das interessierte die Oberen wenig, im Gegenteil, noch über dreihundert Jahre lang wurden die Jesusfans als «wahrhaft toll und wahnsinnig» bezeichnet und verfolgt. Insofern gaben sie für den Brand einen idealen Sündenbock ab.

Umso überraschender der Schwenk im Jahr 380 n.Chr.: Die römische Führung eines inzwischen geteilten und geschwächten Reiches lenkte ein und erklärte kurzerhand das Christentum zur Staatsreligion. Vielleicht glaubte man, die Zukunft könne noch Rom gehören, wenn man komplett zu der Religion konvertierte, die den Zuspruch der Massen hatte.

Damit die beliebte Menschenjagd weitergehen konnte, verbot man die bisher gültigen Religionen. Eben noch waren die Christen «toll und wahnsinnig», nun hieß es im Dekret über die Anhänger der römischen Gottheiten, sie seien «Ketzer, wahrhaft toll und wahnsinnig». Ältere Bürger, denen die Umstellung von den römischen Göttern auf den einen Christengott genauso schwerfiel wie heutigen Senioren die Abkehr vom Fernsehen mit Antenne hin zur Anbetung des neuen Gottes «Internet», wurden kurzerhand für vogelfrei erklärt.

Merke: Zu bestimmten Zeiten ist es besser, beim Verlassen des Hauses noch mal kurz zu checken, an welchen Gott man glauben muss, wenn man wieder heil nach Hause kommen möchte.

Doch der Schwenk hin zur angesagtesten Religion nützte den römischen Herren auch nichts mehr. Am 24. August im Jahre 410 n.Chr. war Schluss.

Dabei muss man sich vergegenwärtigen, dass Rom nicht von einer Hightech-Armee geschlagen, sondern durch banausenhafte Goten (oder wie Römer gesagt hätten: Idioten) erstürmt worden ist. Europa war voller Völker, die die Römer hassten, weil ihre Heimat von ihnen besetzt worden war. Sie waren zwar primitiver als ihre Besatzer, aber ungleich wütender. Außer die beiden lässigen Gallier Asterix und Obelix, versteht sich.

Von nun an stürzte Italien, wie der Rest Europas, ins Mittelalter, oder wie man es auch nicht ohne Grund nennt, in die dunkle Zeit. Die Straßen verrotteten; Alarich selbst, Chef der erobernden Horden, betrachtete Straßen als etwas «Weibisches». Die Wasserversorgung brach ab, die Aquädukte zerfielen in der Sonne, mit dem Wasser und den Bädern verschwand die Hygiene mit bald katastrophalen Folgen, nach den großen römischen Bauten wurde – zum Teil bis heute – nichts Vergleichbares mehr erschaffen. Es war ein totaler Zusammenbruch der Kultur.

Noch nicht mal schöntrinken konnte man sich die Verhältnisse, denn auch der Weinbau geriet in Vergessenheit. Dabei haben auch all die von Römern besetzten Völker gerne Wein getrunken. Wie betrunken muss man eigentlich sein, um das Wissen über die Herstellung von Wein zu vergessen?!

Stellen wir uns einmal vor, es gäbe heute das lang erwartete Erdbeben in Kalifornien und die Server von Google, Facebook und Apple verschwänden in einem großen Loch. Daraufhin vergisst die Menschheit alles, was jemals im Silicon Valley erfunden wurde, und es beginnen tausend Jahre ohne Computer, ohne vernünftige Handys und ohne das bei Google gespeicherte Wissen. Kein Problem? Den Quatsch brauchen wir eh nicht? So selbstbewusst waren nach dem Untergang des Römischen Reichs auch die Christen, die nun an den Schalthebeln der Macht saßen. Unzählige Bibliotheken mit dem gesammelten Wissen der Antike lagen im Einflussbereich dieser neuen Religion – von der Bibliothek in Alexandria war im Vorfeld schon die Rede. Und in den Augen der Christen waren Schriften, die den Lauf der Planeten und Sterne, die Naturgesetze oder mathematische Formeln formulierten, allesamt heidnisch. Das Urchristentum war in etwa so tolerant und säkular wie heute die Taliban in Afghanistan. Und die Situation zum Beginn des Mittelalters sah ungefähr so aus, als dürften heute die Taliban darüber entscheiden, was mit Bibliotheken und Internet, was mit jedwedem Fortschritt zu geschehen habe. Die Bibliotheken wurden in Brand gesteckt. Das war der Einstieg in den Abstieg. Und auch Italien ersteht erst wieder am Ende dieser tausend Jahre Stumpfsinn neu auf.

ALLENFALLS MITTELMÄSSIG:
EUROPÄER NACH DER ANTIKE

Abstieg in die dunkle Zeit

Das Christentum ist das Mittelalter der Menschheit.
LUDWIG FEUERBACH, PHILOSOPH

Unseren zweiten Auftritt auf der europäischen Bühne spielten wir also als Barbaren, die zusammen mit Vandalen, Ostgoten, Westgoten, kurz: anderen Barbaren das Römische Reich und damit allen Fortschritt zertrampelten. Als wir in unseren deutschen Wäldern das erste Mal den Kopf hochhoben und aktiv wurden, befanden wir uns in einer der lausigsten Zeiten Europas, die über tausend Jahre dauern sollte.

Man muss lange suchen, um in dieser Zeit Fortschritt zu entdecken, vor allem wenn man bedenkt, was es vorher schon alles gab. Die Straßen verschwinden im Unkraut, die Wasserversorgung bröckelt weg wie der riesige *Pont du Gard* bei Avignon. Über diese antike Brücke wurden einst jeden Tag zwanzigtausend Kubikmeter Frischwasser nach Nîmes geliefert, und nun: alles futsch. Gut, das war nicht auf deutschem Boden, sondern in Südfrankreich. In der Tat erlebten auch die Franken den Tausendundeine-Nacht-Stumpfsinn, deshalb steht auch das Schicksal von Arles ebenso für das deutsche Mittelalter. Die Stadt in Südfrankreich war zur Zeit der Römer eine Metropole, der Besatzer einen Circus mit 28 000 Sitzplätzen spendiert hatten. Kaum waren die Römer weg, verfiel die Stadt derart, dass die Bürger von Arles irgendwann in den Circus zogen und seine Außenmauern quasi zur Stadtmauer wurden. Für lange Zeit fristeten die Arler ihr Dasein in jämmerlichen Bauten innerhalb der Arena. Das wäre so, als wenn die Berliner nach dem Zusammenbruch der EU in das Olympiastadion krabbelten und dort ein paar Jahrhunderte auf dem Rasen wohnten. Aber, wer weiß, was noch auf uns zukommt?!

Endgültig zusammen bricht das Leben mit dem Ausbruch der Pest, die aus Zentralasien über die Häfen Südeuropas eingeschleppt wird. Sie trifft auf eine auch in gesundheitlicher Hinsicht geschwächte Gesellschaft: öffentliche Bäder, Hygiene – alles ward vergessen, dafür lebte man enger zusammen denn je. Müll und Abwässer verpesteten im Wortsinn die Städte. Die Pest verbreitete sich rasend schnell, eine Epidemie, bei der ihre Opfer teilweise gesund einschliefen und morgens tot wieder aufwachten – wenn sie Glück hatten.

Tatsächlich waren die Chancen, mit einer Lungenpest zu überleben, gleich null: Zwischen den ersten Symptomen und dem Tod lagen maximal drei Tage.

Als Kaffa, eine Hafenstadt an der Krim, von Tataren belagert wird, bricht unter den Belagerern die Pest aus. Ein großes Aufatmen ist hinter den Stadtmauern zu hören, die Eingeschlossenen denken, dass es die Tataren nun niemals schaffen werden, in die Stadt einzudringen, sondern draußen vor ihren Toren vergammeln werden. Doch da erfinden die Tataren etwas sehr Modernes: die «biologische Kriegsführung». Sie binden ihre

Pesttoten auf Katapulte und schleudern sie in die Stadt hinein, schwups in die Arme der Bürger, die sich nach einer solchen Umarmung nicht mehr erholen.

Mit den Jahren erreichte «das große Sterben», wie die Epidemie auch genannt wurde, den Norden Europas, auch Hamburg und London. Feuchte Hafenstädte waren ideal für den Erreger, der – wie man erst heute weiß – von Flöhen übertragen wurde, die normalerweise Ratten bissen und die, nachdem diese allesamt krepiert waren, auf den Menschen übergingen. Infizierte steckten Gesunde durch die uns heute gut bekannte «Tröpfcheninfektion» an. Schon ein Blick auf Erkrankte reiche, notierten Ärzte. Das war natürlich übertrieben, aber wenn wir uns vor Augen führen, wie schnell sich ab Oktober, kaum dass es feucht wird, Grippeviren durch ebendiese Tröpfcheninfektion verbreiten, mag erahnen, was uns blüht, wenn noch mal ein Erreger dieses Kalibers auftaucht. Am besten wir treffen schon jetzt die Maßnahmen, die im Mittelalter jene trafen, die es sich leisten konnten: Man flieht in ein möglichst abgeschiedenes Ferienhaus und hat Vorräte für ein ganzes Jahr dabei. So überlebten in manchen Städten drei von vier reichen Bürgern, während unter den Armen, die sich von Ratten und Flöhen und Kranken nicht fernhalten konnten, drei von vier starben.

2011 war mein Fluchtauto schon gepackt, lebe ich doch in Hamburg, das in diesem Jahr als Zentrum der EHEC-Epidemie galt. Vierhundert Infizierte wurden allein innerhalb der Stadtmauern gezählt. Als der Verdacht auf Tomaten und anderes Gemüse fiel, verhängte Russland ein Einfuhrverbot für deutsches Grünzeug. Ich selbst legte zum ersten Mal in meinem Leben aus Gesundheitsgründen eine Fast-Food-Woche ein und ernährte mich nur von Pommes und Currywurst.

Im Mittelalter, zur Zeit des «Schwarzen Todes», erließen Gesundheitsmagistrate Regeln, die die Infektionswege erschweren sollten, so war es Pestkranken in Florenz z.B. verboten, auf Jahrmärkte und zu Tanzabenden zu gehen. Man kann sich eh kaum vorstellen, dass einen noch jemand zum Tanz auffordert, wenn man unter Beulenpest leidet. So oder so: Die Trennung von Kranken und Gesunden war das Einzige, was man machen konnte, so unmenschlich es im Einzelfall auch war.

Als der Papst hörte, dass Kranken in Florenz auch der Besuch des Gottesdienstes verwehrt wurde, exkommunizierte er 1630 den gesamten Magistrat der Stadt. Das war die Höchststrafe in dieser tiefgläubigen Zeit, der direkte Fahrschein in die Hölle. So beförderte die Kirche aber leider die Ausbreitung des Grauens.

Als die Pest verschwand, fehlte die Hälfte bis drei Viertel der Bevölkerung. Noch heute gibt es weltweit rund zweitausendfünfhundert Pestinfektionen jährlich, wie einst stets in armen, feuchten Gebieten, aber Einzelfälle sind auch im Südwesten der USA aufgetreten. Einmal überfuhr eine Frau mit einem Rasenmäher ein Eichhörnchen und zeigte Tage später Pestsymptome. Man mag sich den Infektionsweg nicht bildlich vorstellen.

Die Lange Nacht der Kirchen

Natürlich fragten sich die Menschen im Mittelalter nach den Ursachen dieser «Strafe Gottes». Wer war schuld? Und wer sollte, wer konnte eine Antwort geben, wenn nicht die allmächtige Kirche? Sie ließ sich etwas Zeit für die Formulierung einer Antwort, doch irgendwann kam sie: Schuld an der Pest seien die Juden, die Frauen und Satan, der bekanntlich von Juden und Frauen Besitz ergriffen habe. Darauf folgten gegen Ende des Mittelalters und später: die Hexenverbrennungen oder, wie man heute sagen würde: die Lange Nacht der Kirchen.

Die Kernzeit der Hexenverfolgungen kam erst nach dem Mittelalter. Aber sie passen nicht in die «Frühe Neuzeit» genannte Epoche, in der die Wissenschaften erblühten. Vielmehr scheinen sie mit ihrer Irrationalität ein Nachhall des Mittelalters zu sein und werden deshalb schon hier erzählt.

Wenn wir von Hexenverbrennungen sprechen, dann meint der Begriff die Verbrennungen von Frauen, die beschuldigt wurden, eine Hexe zu sein. Hexen gibt es nicht und hat es nie gegeben. Vor diesem Hintergrund finde ich es besonders bedenklich, dass sich heute einige Frauen selbst als Hexe bezeichnen und damit kokettieren. Sie kennen sich vielleicht mit Naturheilkunde aus, aber es wäre sicher hilfreicher, sich die Berufsbezeichnung Druide auf die Visitenkarten drucken zu lassen, von mir aus auch Druidin.

Was die Verbrennungen oder auch «Hexenwahn» genannten Exzesse betrifft, denkt man heute gemeinhin, gut, dass sie vorbei sind. Doch in Düsseldorf konnte man gerade sehen, wie schnell einen die Geschichte wieder einholt. Dort war der Hobbyforscher Andreas Vogt darauf gestoßen, dass in seiner Heimatstadt zwei Frauen als Hexen verbrannt worden sind, Agnes Olmans und Helena Curtens. Letztere war zum Zeitpunkt ihrer Marter noch ein Teenager, gerade einmal sechzehn Jahre alt. Der damalige Vorwurf: Kooperation mit dem Teufel und, genauso absurd: «Fliegen auf dem Besen durch die Luft». Andreas Vogt regte im Stadtrat an, beide Frauen zu rehabilitieren, das Urteil aufzuheben und zwei Straßen nach ihnen zu benennen. So ist das bei Opfern des Nationalsozialismus schon oft durchgeführt worden, warum nicht auch bei zwei von vielen Opfern der Kirche? Von wegen. Bei einer Gedenkminute für die beiden Frauen im Stadtrat von Düsseldorf wollte die christliche Partei nicht mitmachen. Die Stadt erklärte sich für nicht zuständig, schließlich sei die damalige Beweisaufnahme, auch unter Anwendung der sogenannten peinlichen Verhörung, bei der gefoltert wird, nicht von einem weltlichen Gericht, sondern von der Heiligen Inquisition durchgeführt worden, einer inzwischen aufgelösten Abteilung der Kirche. Deshalb, so die Politiker, müssten sich Theologen des Falls annehmen. Im Gegensatz zum NS-Staat gibt es die katholische Kirche noch, und so fand sich ein diplomierter Theologe, der sofort einen Gegenantrag formulierte. Keinesfalls solle das Urteil aufgehoben, geschweige denn Straßen nach den beiden Hex... – äh, Frauen benannt werden. Er habe sich die Umstände der Verurteilung in alten Akten noch einmal angeschaut und sei zu dem Schluss gekommen, dass «beide Frauen in abergläubische Praktiken und psychotherapeutisches Detailwissen eingeweiht und insofern nicht ganz unschuldig» gewesen seien.

Ein Zucken ging über die Gesichter aller Psychotherapeuten der Landeshauptstadt von Nordrhein-Westfalen, als sie die Botschaft in der Zeitung lasen. Hatte man so lange studiert und sich mit seiner Praxis verschuldet, nur um auf dem Scheiterhaufen zu landen?

Diese Geschichte ist wie viele Geschichten der Geschichte: Man möchte lachen, aber eigentlich ist sie zum Weinen. Aber sie hat ein gutes Ende, auch ohne Rehabilitierung ist es dazu gekommen, dass in Düsseldorf ein Platz in *Helena-Curtens-und-Agnes-Olmans-Platz* umbenannt wurde. Die Solidarität mit den beiden Frauen war groß, nur ein Anwohner maulte: «Hexen oder Frauen, das ist mir doch egal, jetzt kann ich mein Brief-papier wegschmeißen und bekomme selber wahrscheinlich auch keine Post mehr! *Helena-Curtens-und-Agnes-Olmans-Platz?* Wer wird das freiwillig auf einen Umschlag schreiben?»

Die erste Lebensversicherung verkauft sich blendend

Die tiefe Religiosität der Menschen im Mittelalter erschöpfte sich nicht allein im christlichen Glauben. Neben den bekannten Figuren der katholischen Lehre, inklusive dem Teufel, gab es den Glauben an alle möglichen Wald- und Sumpfgeister, Feen, Zwerge und wer einem sonst noch so des Nachts in den Büschen auflauern konnte.

Heute gehen wir in den Wald zur Erholung, aber wie sagte es Rebecca Gablé so treffend in ihrem Buch *Von Ratlosen und Löwenherzen*: «Wer damals in den Wald ging, musste durchaus damit rechnen, nicht wieder lebend herauszukommen.» Er war kein Naherholungsgebiet, in ihm lauerte Gefahr. Gleiches galt für Sümpfe und Moore.

Zum Glück gab es gegen all diese Unbill die älteste Lebens-versicherung der Welt, die Kirche. Sie versprach für saftige Bei-träge im Todesfall eine Bombenprämie, nämlich das Paradies. Das Clevere an dieser Versicherung: Sollte im Schadensfall ein Leistungsausfall eintreten, also zum Beispiel das Paradies gar nicht da sein, sondern nur das große Nichts, konnte der Geschä-digte die Versicherung nicht in Regress nehmen. Zumindest ist mir kein solcher Fall bekannt.

Während heute Politiker bei jeder Wahl versprechen, das Leben der Bürger noch angenehmer zu machen, mit mehr Arbeitsplätzen, stabilen Preisen und niedrigeren Steuern, mussten sich die Herrscher im Mittelalter mit derlei Lappalien nicht abgeben. Denn der kirchlichen Ansicht nach war das Leben gar nicht dazu da, angenehm zu sein oder vielleicht zu werden, vielmehr sollte es als Strafe dienen. Schließlich waren wir ja alle Sünder, die das große Upgrade erst im Jenseits erwartete. Wie praktisch, zumindest für die Herrschenden. So konnte man die Unfähigkeit der Königshäuser, ihrer Bevölkerung ein erträgliches Dasein zu sichern, all die Missernten, Kriege und Unterdrückungen als ideale Vorsorge für die Belohnung nach dem eigenen Ende verkaufen. Je schlimmer das Leben, desto besser für später. Darauf muss man erst mal kommen! Vielleicht die genialste Idee in der Geschichte, Menschen auszubeuten und diesen dabei noch einen Sinn zu verkaufen.

Aufgrund dieser Theorien über das Leben nach dem Tod waren auch Bettelmönche hoch angesehen, die selbst Ernst mit dem Verzicht machten und außer ihrer Botschaft, die sie auf den Marktplätzen der Städte und Dörfer verbreiteten, keinerlei Besitz vorzuweisen hatten. Die Authentizität der Bettelmönche war so groß, dass sich reiche Adelige neben Pelzen und goldbestickten Gewändern auch immer eine Bettelmönchskutte in den Kleiderschrank hängen ließen, um sich auf dem Sterbebett noch schnell umziehen zu können. Möglicherweise, so befürchteten die Edelleute, würde Petrus an der Himmelspforte barsch reagieren, wenn er all den auf Kosten des kleinen Mannes angehäuften Prunk und Reichtum sehen würde – mit der Kutte hoffte man, ihn gnädig stimmen zu können. Das Prinzip hat sich eigentlich bis heute nicht geändert, man kennt es von allen exklusiven Clubs: Rein kommt man nur mit den richtigen Klamotten.

Neu im Vatikan: Pornokratie – die Herrschaft der Huren

Das Mittelalter hält einige Überraschungen parat, über die man heutzutage nur den Kopf schütteln kann. Mit dem Niedergang aller Kultur begann auch im Vatikan eine Zeit, die den Glauben an die Moral der Kirche auf eine harte Probe stellte. Einer Phase gaben Historiker den bezeichnenden Namen «Pornokratie», die Herrschaft der Huren. Päpste hatten Mätressen, die Mätressen wurden schwanger, und deren unehelichen Kinder wurden Papst. Sicher, für einen Papst ist jedes Kind unehelich, damit kann man ihn nicht erpressen, aber skandalös ist solch unmoralisches Verhalten von Gottes Stellvertreter auf Erden allemal. Selbst Kirchenhistoriker nennen die Zeit nach dem Jahr 900 n. Chr. «das dunkle Jahrhundert», dabei kann man angesichts der Auswirkungen, die die Dominanz des Christentums hatte, auch von einem dunklen Jahrtausend sprechen. Dieses spezifische Jahrhundert war eben nur noch düsterer. In ihm warf zunächst eine Frau namens Theodora ihr Beziehungsnetz über dem Vatikan aus. Angeblich hat sie dem Papst ihre Tochter Marozia als Gespielin angeboten, als diese erst sechzehn war; die Mutter wurde zur Zuhälterin der eigenen Tochter. Marozia gebar schließlich einen Jungen, den sie Giovanni nannte. Sein Vater: Papst Sergius III. Ein Umstand, der in der Kita noch heute Tumulte auslösen dürfte: «Und, was macht dein Papa so?» – «Der ist Busfahrer. Und deiner?» – «Mein Papa ist Papst.»

Als Sergius starb, war der Einfluss von Theodora so stark, dass sie einen ihrer Geliebten, Johannes, zum Papst machen konnte. Ein Bischof und ein Erzbischof, die in der Nachfolgereihe zu Konkurrenten hätten werden können, starben kurz vor der Papstwahl zufällig.

Zu diesem Zeitpunkt lief für Theodora alles bestens. Ihr Geliebter saß auf dem Heiligen Stuhl, doch dann machte ihre Tochter Marozia etwas, das den Zorn ihrer Mutter herausforderte. Sie verführte den neuen Papst, der ja immer noch Geliebter ihrer Mutter war. Für die Tochter war es der zweite Papst in ihrem Bett. Als der sie bei ihrer Mama verpfiff, wurde es brenzlig für Marozia: Sie konnte sich nur durch eine Heirat mit einem lokalen Despoten in Sicherheit bringen.

An dem Tag, an dem schließlich auch Theodora starb, ging ihre Rolle als Spindoktor, der im Hintergrund die Fäden zieht, vollends auf ihre Tochter über. Wenn nicht schon jetzt, dann gerieten zumindest die weiteren Kapitel der Story auf das Niveau einer Scripted Reality Soap im Nachmittagsprogramm von Vox oder RTL II.

Marozia wollte sich an Papst Johannes für den Verrat ihrer Liebschaft rächen und hetzte ihren aggressiven Mann mit seinen Kumpels – weitere Namen wollen wir uns jetzt nicht merken – auf den Vatikan. Johannes wehrte sich erfolgreich, und Marozias Gatte wurde ihr eines Tages zerstückelt zugestellt. Diese Runde ging also an den Papst – so schnell aber geben Frauen nicht auf. Flugs wurde ein neuer Lokalherrscher geheiratet und so lange gegen Johannes intrigiert, bis es ihr gelang, ihn einsperren zu lassen. Als ihm der Henker ein Kissen in den Kerker brachte – eigentlich auch ein entwürdigender Vorgang für einen gelernten Henker mit abgeschlossener Ausbildung –, wusste Johannes sofort, was das bedeutete: Es sollte ihm keinesfalls den Kerkeraufenthalt angenehmer gestalten. Vielmehr war «Tod durch Ersticken» zur damaligen Zeit eine beliebte Tötungsmethode.

Für die, denen das jetzt zu brachial ist, blenden wir schnell à la Rosamunde Pilcher ein paar schöne Landschaften ein, römische Prachtbauten, die sanften Hügel der Stadt, über allem der ewig blaue Himmel Roms, der auch über den dunkelsten Stunden strahlte. So, durchgeatmet.

Jetzt wieder festhalten: Die Papstmörderin Marozia wollte ihren eigenen Sohn Giovanni auf dem Heiligen Stuhl installieren, doch der war noch zu jung, ein Teenager mit dem phlegmatischen Gestus, der jeder Teenagergeneration seit dem Urknall innewohnt. Deshalb musste eine Übergangsmarionette herhalten. Die erste schaffte nur sieben Monate. Sie hieß Leo VI., aber angesichts von rund zweitausend Jahren Kirchengeschichte können wir uns mit Statisten nicht länger aufhalten. Nach einer Meinungsverschiedenheit mit Marozia starb er überraschend an einem Kissen. Die zweite Papstmarionette, Stephan VII., segnete auch unverhofft das Zeitliche, er hatte sich beim Schlafen so unglücklich verdreht, dass er unter seinem Kissen erstickte. Und das just in dem Monat, in dem der Teenager Giovanni einundzwanzig wurde, das Mindestalter für den Führerschein für Päpste zur damaligen Zeit. Zufälle gibt's! Dann geschah das, was sich kein Drehbuchschreiber, auch nicht unter Drogeneinfluss, würde ausdenken können: Eine Hure und Mörderin machte ihr uneheliches Kind, dessen Vater Papst war, zum Papst.

Deutschlands erste Spendengala

Nicht dass jemand denkt, ich sei besonders kirchenkritisch, ich nähere mich diesem Thema genauso neutral wie der italienischen *Camorra* und merke erst dann, huch, was da alles so gelaufen ist. Dennoch, vielleicht ist die Vormachtstellung der Kirche im Mittelalter Grund für den lausigen Zustand dieser Epoche. Ihr Wort war Gesetz, und sie trieb es ziemlich doll. Dass Christen zahlreiche antike Bibliotheken niederbrannten und damit jahrhundertealtes Wissen für immer vernichteten, dass im Vatikan in moralischen Angelegenheiten mit zweierlei Maß gemessen wurde wie zur Zeit der eben beschriebenen Pornokratie – geschenkt, das enttäuschte das normale Volk vielleicht. Eines aber brachte die Gläubigen richtig in Rage: Rom, also die Stadt, in der einst Cäsar die Religionsfreiheit eingeführt hatte, forderte immer mehr Geld. Genauer genommen war es der Vatikan, der im Mittelalter geradezu obszönen Reichtum anhäufte und sein gieriges Maul immer weiter aufriss. Ein besonders opulenter Plan war der zur Errichtung des Petersdoms. Größer und prachtvoller als alles, was man bis dahin gesehen hatte, sollte er werden. Wie kann man die eigene Einzigartigkeit und Größe besser unterstreichen als durch ein einzigartiges, großes Gebäude? Ist man der Größte, muss es auch das größte Bauwerk werden, und zumindest die Kuppel des Petersdoms ist mit über vierzig Metern Spannweite die größte aus Ziegeln gebaute Kuppel der Welt.

Auch der Papststuhl unterstreicht die Größe des Stellvertreters Gottes, allein der Baldachin über dem Thron wird von vier wuchtigen, fast dreißig Meter hohen Säulen getragen. Solch Extravaganz kostet natürlich Geld. Viel Geld. Um die Errichtung des neuen Petersdoms finanzieren zu können, schickte man deshalb u.a. den Dominikanermönch Johann Tetzel nach Deutschland. Er war dem Vatikan zu diesem Zeitpunkt bereits als begabter Geldeintreiber bekannt – heute würde ihn die GEZ sofort engagieren und durch die Wohnviertel schicken, wenn er denn noch lebte.

Besagter Tetzel ging also mit einem Klingelkasten auf Spendentour und zog den Leuten die Kohle mit großen Versprechungen und schrägen Versen aus der Tasche: «Sobald das Geld im Kasten klingt, die Seele in den Himmel springt», schrie er angeblich auf den Marktplätzen.

Manch einer nahm das ziemlich wörtlich. Der Überlieferung nach ereignete sich folgende Episode: Bei seiner Spendentour durch Niedersachsen trat einmal ein Mann auf Tetzel zu und fragte, ob er für eine Sünde bezahlen könne, die noch in der Zukunft läge. Tetzel überlegte kurz, dann stand sein Urteil fest: Es würde zwar deutlich teurer, aber wenn der Sünder schon jetzt bereute, was er erst in Zukunft anzustellen gedachte, könnte er ihm – gegen einen entsprechenden Obolus, versteht sich – einen Ablassbrief ausstellen, in dem ihm die noch zu begehende Sünde verziehen wurde. Natürlich kostete ein solcher Sonderwunsch das Vielfache einer einfachen, schon begangenen Sünde.

Daraufhin steckte der Mann eine Menge Geld in den Klingelkasten, und Tetzel rieb sich die Hände über diesen Coup. Doch seine Freude währte nicht lange. Am Tag darauf lauerte der Sünder Tetzel auf und raubte ihn aus. Auf sein Fluchen soll er ihm sogar den von ihm selbst ausgestellten Ablassbrief unter die Nase gehalten haben. Er hat seinen Gutschein quasi sofort eingetauscht.

1524 – die erste Staffel von «Bauer sucht Frau»

Wir Deutschen besitzen grundsätzlich so etwas wie eine Art Bravheits- bzw. Gehorsams-Gen. Wir machen einfach nichts Verbotenes, der Tetzel-Räuber muss eine Ausnahme gewesen sein. Das war auch bei unseren Ahnen im Mittelalter so. (Als Deutsche empfanden sie sich freilich damals noch nicht, so wie auch die Germanen erst von den Römern erfuhren, dass sie Germanen genannt wurden. Aber sie sprachen schon allesamt dieses seltsame «Diutschin», heute «deutsch» genannt.)

Unsere Vorfahren waren jedenfalls lange Zeit friedliche und fromme Bauern, die auf den Feldern die Krume fruchtbar machten. Bis eines Tages ein ebenfalls frommer Mann auftauchte und die einfachen Menschen mit einer Gabe in den Bann schlug, die noch heute zu den Kernkompetenzen erfolgreicher Politiker gehört: komplizierte Dinge mit einfachen, treffenden Worten auszudrücken.

Zudem konnte besagter Mann dank seiner Griechisch-kenntnisse die ursprüngliche Version der Bibel lesen, die auf Griechisch verfasst war. Latein, die Sprache, in denen Teilübersetzungen der Bibel geschrieben waren, beherrschte er ebenfalls. Diese für Priester gedachten Fassungen, aus denen in den Kirchen vorgemurmelt wurde, empfand der Mann als schlecht. Davon mal ganz abgesehen: Wer konnte damals schon Latein? Wer kann heute noch Latein? Was nützt eine frohe Botschaft, die niemand versteht?

Der Mann wollte das ändern und wandte sich an die Bauern: «Hey, Leute, ich habe die Bibel selber gelesen. Also, zwei Sachen, die dadrin stehen, werden euch immer verschwiegen: Als Erstes: Ein Christenmensch soll niemandem untertan sein.

Hammer, oder? Und zweitens: Nur Gott selbst kann euch Gnade schenken, nicht irgendein hergelaufener Mann mit Ablassbriefen!» – «Wie heißt du Schlaumeier überhaupt?», fragten die Bauern, und der Name des Mannes brannte sich ihnen (und bald ganz Europa) ein: «Luther!»

Martin Luther löste die erste urdeutsche Revolution aus: Genervt von der Unmoral der katholischen Kirche, dem gierigen Klingelkasten-Tetzel und voller Wut auf die Feudalherren, die dem Klerus in Sachen Ausbeutung in nichts nachstanden und sie durch immer höhere Abgaben in die Armut stürzten, stürmten die Bauern mit ihren Heugabeln los und machten richtig Rabatz. Erstmals standen die Bauern im Fokus der Aufmerksamkeit. Wer sich ihnen in den Weg stellte, bekam eine Heugabel in die Stirn gebohrt, Heilbronn wurde komplett von den Bauern übernommen, erhielt sogar ein Bauernparlament – heute würde man die Aktion wahrscheinlich «Occupy Heilbronn» nennen.

Aber gerade als die Bauern richtig in Stimmung kamen, fingen die Fürsten an, sich mit aller Kraft zu wehren. Und dann tauchte auch dieser Luther wieder hinter einer Böschung auf und stellte sich den Revoluzzern in den Weg. «Moment, Leute, ihr habt mich komplett falsch verstanden. Ein Christenmensch soll sich nicht mit dem Schwerte schlagen, schreibt euch das hinter eure dreckigen Ohren!»

Tja, und es waren Deutsche, zu denen er das sagte. Franzosen hätten ihn in die Büsche geschubst und wären weitergerannt, die deutschen Bauern hingegen gingen wieder aufs Feld und ließen sich für weitere Jahrhunderte unterdrücken.

Hätten wir Deutschen damals mehr Stehvermögen gehabt, hätten wir noch vor den Briten und Franzosen eine echte Revolution hinbekommen.

Mittelalter heute

Das Mittelalter war in jeder Hinsicht, ob politisch oder soziokulturell, ein Aussetzer in der europäischen Geschichte. Eigentlich war die Menschheit schon viel weiter gewesen. Trotzdem lieben die Deutschen das Mittelalter bis heute. Sogenannte historische Romane, in denen diese Zeit als Dekoration für Liebesgeschichten herhalten muss, belegen meterlange Regale in den Buchhandlungen. Beinahe auf jedem von ihnen schaut eine hübsche Frau in einem roten Kleid wahlweise kämpferisch oder träumerisch oder sinnierend auf den Leser. Und war es damals nicht auch irgendwie viel ... ursprünglicher als heute? Romantischer? Mit heldenhaften Rittern? Und galanten Adligen?

Bei genauerem Hinsehen schneiden gerade die Ritter sehr schlecht ab; ihre Ritterlichkeit gehört ins Reich der Mären. In Wirklichkeit setzten sie brutal ihre Interessen durch. So war es durchaus keine Seltenheit, dass Ritter im Mittelalter auf Bauernjagd gingen: Aus lauter Lust und Tollerei töteten sie im Vorbeireiten Bauern auf dem Feld. Frauen wurden nicht beschützt, sondern beim Raub und nach Kämpfen als Beute angesehen – mit allen naheliegenden Folgen.

Doch all dies, das Verschwinden antiker Weisheit, die Abwesenheit von Hygiene, der Ausbruch der Pest, die Hexenverbrennungen, die Brutalität der Zeit – nichts kann unserer Liebe zum Mittelalter Abbruch tun. Und sind sie nicht auch schön, unsere deutschen Altstädte? Kann man etwas anderes sein als stolz, wenn amerikanische Touristen in Tübingen, Nürnberg oder Lübeck mit den Händen über Stadtmauern streichen und ausrufen: «I can't believe it, it's not artificial, it's a real stone-wall!»?

Ich habe auf meinen Gastspielreisen in den letzten Jahren

mehr als sieben Rollkoffer auf dem Kopfsteinpflaster deutscher Mittelalter-Innenstädte zerlegt, immer wieder fielen Rollen ab oder riss der Boden auf; Frauen brechen sich in den Lücken zwischen den Steinen die Absätze ab, Rennradfahrer verkeilen ihre Reifen und stürzen, Kinder werden in ihren Karren durchgeschüttelt, Autos sind auf ihnen viel lauter – aber bis heute ist bei uns grobes Kopfsteinpflaster der Inbegriff von Lebensqualität.

Angesichts all dessen schwärme ich insgeheim für eine völlig unterschätzte Stadt, nämlich Mannheim. Sie ist weitestgehend mittelalterfrei und hat ein schachbrettartiges Straßennetz wie New York. Das macht Mannheim großstädtischer als es eigentlich ist. Trolleys und Radfahrer gleiten hier über glatten Asphalt, Frauen können unfallfrei stöckeln.

Der Dramatiker Thomas Bernhard beschimpfte einmal deutsche Mittelalterstädte wie Würzburg als «gewucherte Dörfer», in denen seit Jahrhunderten der «Stumpfsinn warmgestellt» sei. Von derartiger Häme möchte ich mich ausdrücklich distanzieren, ich kann es mir schließlich nicht mit allen Lesern verscherzen, die in einem Fachwerkhaus leben.

Doch ganz unrecht hat Bernhard nicht: Nicht nur ein Teil unseres architektonischen Lebens fußt immer noch auf mittelalterlichen Zuständen. Die Zünfte des Mittelalters haben bis heute mehr Einfluss in Deutschland als anderswo. So ist z.B. die Apothekerordnung reinstes Mittelalter: Apotheken dürfen nur von Apothekern (genauer gesagt: Pharmazeuten) betrieben werden und maximal drei Filialen besitzen. Große Kliniken kann dagegen jeder Fliesenleger aufmachen, solange er auch Krankenpfleger und genügend Ärzte einstellt. Als die Apothekenkette *DocMorris* vor einigen Jahren erstmals eine Filiale in

Deutschland eröffnen wollte, kam ihr das Mittelalter dazwischen. *DocMorris* stammt aus den Niederlanden, wo der Markt von jeher flexibler ist als anderswo; insofern war die Überraschung groß, als man merkte, wie in Deutschland die Uhren ticken. EU-Recht hin oder her, die Holländer konnten sich auf den Kopf stellen, es blieb dabei: Ketten sind verboten, wer eine Apotheke betreibt, muss selbst Apotheker sein. Natürlich hätte auch *DocMorris* für jede Apotheke Apotheker eingestellt, aber darum ging es nicht. Dabei wäre ein bisschen mehr Markt an dieser Stelle gar nicht schlecht. Wer in den USA ein Medikament kaufen möchte, auch ein vom Arzt verschriebenes, kann im Supermarkt bei seichter Einkaufsmusik trockenen Fußes in Richtung Zahnpastaregal gehen und hinter den Pflegeprodukten mit dem Einkaufswagen vor einem Tresen haltmachen. Dahinter steht der Apotheker und sucht das Medikament raus. Nur bei uns muss man den Supermarkt verlassen und durch ein Sturmtief in die Altstadt zur Apotheke gehen – immerhin, wenn man sich dabei auf dem Kopfsteinpflaster den Fuß verstaucht, bekommt man dort auch eine Kompresse.

Letztlich verloren die Holländer den Pillenkrieg. Die noch vorhandenen *DocMorris*-Apotheken laufen nach dem alten deutschen Recht: Sie gehören dem Apotheker, der sie unter dem gemeinsamen Namen betreibt.

Dabei liegt der Vorteil des Zusammenlegens von Apotheken ja auf der Hand: Die Medikamente würden für die Kranken billiger, da der Pharmaindustrie größere Chargen abgenommen werden können. Doch selbst einzelne vorsichtige Preissenkungen wurden den Holländern verboten. Als ich mich bei meinem Apothekenbesuch fürchterlich aufregte, dass ich fast zwanzig Euro für ein Fläschchen süßen Alkohol bezahlen sollte, das Linderung bei Erkältungen verspricht, muss ich wohl etwas lauter geworden sein. Auf jeden Fall wurde mir angeboten, dass ich für ein paar Euro mehr noch ein Präparat mitnehmen könne, das mich wieder beruhigen würde. Da hatte ich auf einmal die Antwort auf die Frage, warum Deutsche für Tabletten mehr bezahlen sollen als andere Europäer: Weil sie unvergleichlich gut beraten werden! Und tatsächlich: Wer in eine deutsche Apotheke kommt, wird beraten, ob er will oder nicht, auch wenn die Kundenschlange immer länger wird. Peinlich nur, wenn man ein Medikament kaufen muss, das einem unangenehm ist und vor Publikum alle Nebenwirkungen erörtert werden, bis man vor Scham im Boden versinkt. Ich sage jetzt immer: «Können Sie es bitte einpacken? Soll ein Geschenk sein.»

Andere Holländer hatten mehr Erfolg im Kampf gegen die Auswirkungen des Mittelalters auf unsere bundesrepublikanische Gegenwart: Seit Urzeiten gab es im Hamburger Hafen eine Art Schlepperzunft mit wenigen Betrieben rund um die Reedereien Lütgens & Reimers und Petersen & Albers. Klingt gemütlich, nicht wahr? Containerschiffe mussten für das Hinein- und aus dem Hafen Herausschleppen allerdings sehr hohe Preise bezahlen. Das war schon immer so. Doch dann tauchte Ard-Jan Kooren aus Holland mit zwei rot lackierten Schleppern auf und löste den sogenannten Schlepperkrieg aus – einer der wenigen Kriege, mit denen wir uns hier beschäftigen, weil man über ihn lachen kann. Lütgens, Albers und ihre Leute kreisten die Eindringlinge aus Rotterdam mit ihren Schleppern ein, es kam zur Beinahe-Kollision, Fäuste streckten sich drohend in die Luft, und es wurde in Megaphone geschrien, was man mit dem Feind alles machen würde, bekäme man ihn denn in die Finger. Das Problem: Kooren bot die Schleppdienste günstiger an. «Jetzt können wir hundert Leute entlassen!», schrien die Hamburger. Aber die Holländer ließen sich nicht einschüchtern, und Kooren fragte, wie es sein könne, dass er mit seinen rund fünfundzwanzig Männern hundert Schleppern die Arbeit wegnehmen solle. Das ginge doch eigentlich nur, ja, wenn das Wort Wettbewerb bisher noch keine Rolle gespielt habe. Kooren blieb.

Feuerstättenschau und Brandstättenverordnung

Ich weiß nicht, ob auch die deutschen Apotheker den Eindringlingen von *DocMorris* vor ihrer ersten Filiale in Saarbrücken auflauerten. Nicht mit Fäusten und Enterhaken natürlich, vielleicht mit Spritzen und K.-o.-Tropfen. Sicher weiß ich dagegen, dass seit dem Mittelalter noch kein deutscher Bezirksschornsteinfegermeister auf dem Dach auf holländische Mitbewerber gestoßen ist und diese in die Tiefe stoßen musste, denn die deutsche Brandstättenverordnung ist so wehrhaft wie die Burgmauern unserer Ahnen: Wer seit dem Aufkreuzen Luthers und dem Jahr 2012 einen Schornstein sein Eigen nennt, muss diesen Monopolisten regelmäßig zur sogenannten Feuerstättenschau empfangen. Klingt nach neuester Mode, ist aber ein sehr alter schwarzer Hut. Meist genügt ein Blick in den Keller, bei der Zentralheizung macht ein Messgerät kurz *Piep* – und wieder kann eine dicke Rechnung geschrieben werden. Aber eben nicht von jedem, denn nur der vom Papst vereidigte Bezirksschornsteinfegermeister verfügt über die Instrumentarien, um Dämonen aus der Therme zu verjagen. Der Ärger über die teuren Zwangsbesuche ist so groß, dass schon Autos von Schornsteinfegern demoliert wurden. Auf der Internetseite www.kontra-schornsteinfeger.de hinterlassen geschröpfte Opfer Wutkommentare und organisieren ihren Widerstand.

Apothekerzunft, Brandstättenverordnung, Handwerkerrolle – im Mittelalter entstand vieles, das bis in die Gegenwart Gültigkeit besitzt und an dem hartnäckig festgehalten wird. Insgesamt gibt es aber wenig Erinnerungswertes aus diesen Jahren. Zugegeben, so ganz ohne Fortschritt ging es selbst in diese Zeit nicht ab: Es entstanden noch heute bekannte, wichtige Schriften, u.a. vom Kirchentheoretiker Thomas von Aquin oder dem Philosophen Meister Eckhart, und auch die eine oder andere Erfindung wurde gemacht: So kann der Müller endlich die Mühle bedienen, und mit der Erfindung des Trittwebstuhls können sich die Schwaben in ihrem Häusle dranmachen, an dem Wohlstand zu arbeiten, von dem sie noch heute profitieren. Aber vieles, was das Leben in dieser Zeit leichter gemacht hat, war schon lange im Vorfeld erfunden worden, allein, es war bis dahin nichts in unsere Gefilde vorgedrungen, wie eben die Mühle, die die alten Römer mit Wasserkraft-Antrieb und sogar als Kettenanlage von fast industriemäßigen Ausmaßen gebaut hatten. Festzuhalten bleibt: Gemessen an dem, was vorher und nachher erfunden, entdeckt und errungen wurde und vor allem in welchen Zeiträumen, bekommt diese Epoche schlechte Noten. Das Mittelalter wird nicht versetzt.

Wenden wir uns also lieber einer Zeit zu, in der die Sonne überraschend aufging. Sie hat viel Neues gebracht auf unserem guten alten Kontinent und wird deshalb Neuzeit genannt.

Eines ist dabei sehr entscheidend: die Frage nach Glauben und Zweifel. Wer in seinem Glauben gefestigt ist, ob nun an Gott oder den Segen der Markwirtschaft, für den stellen sich keine weiteren Fragen. Wer allerdings zweifelt, Dinge hinterfragt, kommt ihnen auf die Spur: Sind wir allein auf diesem Planeten, oder gibt es noch weitere Kontinente mit anderen Menschen? Die Wichtigkeit des Zweifelns hat der französische Schriftsteller André Gide in einem schönen Satz aufgezeigt: «Glaube denen, die die Wahrheit suchen, und zweifle an denen, die sie gefunden haben.»

AUFBRUCHSTIMMUNG BEI DEUTSCHEN, ITALIENERN,
PORTUGIESEN UND WIKINGERN

Zweifeln statt Glauben

O Jahrhundert, o Wissenschaften!
Es ist eine Lust zu leben. Die Studien
regen sich, die Geister blühen auf.
Du aber, Barbarei, nimm einen Strick
und erwarte deine Verbannung.

ULRICH VON HUTTEN, DICHTER, HUMANIST,

NEBENBERUFLICH RITTER

Jetzt ging es los, mit der Frühen Neuzeit wurde alles neu! Endlich brach Europa auf. Christoph Kolumbus entdeckte Amerika. Okay, genau genommen waren die Wikinger schon fünfhundert Jahre früher dort. Und sie sind nicht gesegelt, sondern die gesamte Strecke über den Atlantik gerudert! Kolumbus hätten sie wahrscheinlich entgegengehalten: «Segeln? Das ist doch was für Weicheier!» Es spricht nicht gerade für Amerika, dass sich die Wikinger dort nur kurze Zeit aufhielten, um dann die komplette Strecke zurückzurudern. Das Essen bei McDonald's musste eine Enttäuschung gewesen sein.

Aber was waren das eigentlich für Typen? Keinesfalls darf

man Wikinger und Germanen in einen Topf werfen, auch wenn beide Gruppen oftmals als kulturlose Wüstlinge abgestempelt werden. Grobiane waren Germanen wie Wikinger, das stimmt, aber die Wikinger hatten für ihre Zeit hochentwickelte Schiffe, mit denen sie aus ihrer Heimat im Norden, auf dem Gebiet der heutigen Länder Dänemark, Norwegen und Schweden, starteten, um Europa unsicher zu machen.

Die organische, schnittige Form ihrer Langboote einfach so mit der Axt aus Bäumen zu schlagen, war schon echte Schiffsbaukunst.

Die Germanen hingegen bauten keine nennenswerten Boote. Ihre Taktik war es, ihren Gegnern Angst einzuflößen und sie dann schlichtweg zu überrennen.

Die Wikinger, die große Teile des Nordens unter ihrer Kontrolle hatten, prägen diese Regionen dagegen bis heute mit ihrem lösungsorientierten Handeln. So war Grönland schon immer ein Land mit ausgeglichener Rentenkasse, weil Familienmitglieder an ihrem 70. Geburtstag zu einer ganz speziellen Bootsfahrt eingeladen wurden ...

Durch die Entdeckung Amerikas haben die Wikinger also etwas getan, das allgemein erst der Frühen Neuzeit nach 1500 zugerechnet wird. Denn erst mit den Portugiesen kam die Nachricht von einem neuen Kontinent bei uns an.

Bis heute hält sich hartnäckig die Vorstellung, die Menschen fürchteten damals, Kolumbus und seine Crew könnten auf ihrem Weg zur Kante der Erdscheibe über diese hinunterstürzen wie Touristen über die Kante der Niagarafälle in Amerika, doch inzwischen weiß man, dass selbst die Kirche davon ausging, dass die Erde eine Kugel ist. Streit gab es nur um die Frage, ob sich die Sonne um die Erde dreht oder umgekehrt. Dabei konnte das doch jeder Depp mit einem Blick an den Himmel beantworten: Die Sonne kreist um die Erde. Jeden Tag geht sie im Osten auf und im Westen wieder unter, ganz eindeutig eine Kreisbewegung. Wie, das stimmt nicht? Es ist umgekehrt? Die Erde dreht sich um die Sonne? Als Kopernikus mit dieser Story ankam, ist ihm nicht mal etwas passiert, in jeder Kneipe wurde er eingeladen, wenn er seine lustige Geschichte mit der fliegenden Erde erzählte. «Sag mal, Kopernikus», fragten ihn Zuhörer, «wenn wir auf der Erde um die Sonne fliegen, wo ist denn dann der Fahrtwind?»

Für die katholische Kirche kreist unser Planet offiziell erst seit 1992 um die Sonne, denn erst in diesem Jahr wird Galileo Galilei rehabilitiert, jener Naturwissenschaftler, der das bereits im 17. Jahrhundert behauptet hatte und der Kirche mit den berühmten Worten entgegengetreten war: «Und sie bewegt sich doch!»

Ging es nach dem Mittelalter auch bei uns in Deutschland endlich voran? Ja! (Nebenbei, wenn ich Deutschland sage, meine ich immer nur das Gebiet, in denen unsere Sprache gesprochen wurde: Ein Deutschland in unserem heutigen Sinne gab es damals noch nicht, es existierte einzig ein Flickenteppich von Königreichen, Fürsten- und Großfürstentümern.) Auch bei uns gab es endlich kluge Leute, die die Menschheit vorangebracht haben. Die Zeit davor nennt man auch Vorzeit, denn es gab in der Antike natürlich schon Germanen, aber die Antike spielte sich nicht bei uns ab, sondern in Athen und Rom. «Vorzeit» trifft es eigentlich ganz gut: Es war vor unserer Zeit. Aber die sollte nun kommen.

1455 ganz allein auf der Bestsellerliste: die Bibel

Noch heute sind 49 Exemplare der Bibel erhalten, die Johannes Gutenberg mit seinem kleinen Start-up-Unternehmen persönlich Mitte des 15. Jahrhunderts in Mainz gedruckt hat – das war noch Qualität!

Beinahe wäre es aber gar nicht so weit gekommen, denn Gutenberg musste sich für seine Idee, Bücher zu drucken, Geld leihen und konnte dies nicht so schnell zurückzahlen, wie es von ihm erwartet wurde. Er war renditemäßig zunächst eine Enttäuschung für seine Investoren (kommt Ihnen das bekannt vor?) und musste die Gläubiger mit der Übereignung eines Teils der Druckerpressen und Bücher beruhigen – wäre ihm das nicht gelungen, wer weiß, ob bei uns heute jährlich rund einhunderttausend Bücher erscheinen könnten. Am Ende musste Gutenberg sogar sein Patent an den Gläubiger übertragen – diese Art, Unternehmen auszuplündern, haben Banken bis heute nicht verlernt.

Wenn Kinder in die glatte Fläche einer halbierten Kartoffel einen Stern ritzen, die Schnittfläche der Kartoffelhälfte dann in Farbe tauchen und aufs Papier drücken, ist das genau das, was Gutenbergs Konzept zugrunde liegt: Seine spiegelverkehrten, beweglichen Lettern aus Metall wurden Buchstabe für Buchstabe zusammengefügt, bis er ganze Seiten drucken konnte. Bis 1930 wurden weltweit jede Zeitung und jedes Buch mit diesem Verfahren gedruckt, so, wie Gutenberg es 1450 in Mainz vorgemacht hatte. Der Beruf des Setzers war geboren.

Die meisten Erfindungen der Neuzeit, die hier noch Frühe Neuzeit heißt, brachten die Kirche in Bedrängnis. Durch den

Viele fordern die Wiedereinführung der Drachme für Griechenland. Für den Fall eines Wahlsieges des Linksbündnisses unter seinem Chef Alexis Tsipras gibt es schon einen Entwurf für den «Eine-Million-Schein».

Kabul 2013

Geschichte kann sich auch zum Guten wenden.

↑ **DEMOKRATIE**

170

↓ **DIKTATUR**

Helmut Kohl	Konrad Adenauer	Willy Brandt	Nicolas Sarkozy
Größe unschätzbar	**1,93 m**	**1,93 m**	**1,75 m** (ohne Absätze 1,65 m)

Wie gegenwärtig wirkt dieses nette Winken der Generation 35 000 v. Chr. in der Höhle von El Castillo in Spanien! Auch Franzosen, Italiener und Russen haben in Höhlen gezeichnet, nur Deutsche nicht, es sei denn, eine germanische Hausfrau hat es wieder weggeschrubbt.

Nie wieder dürfen wir einem Mann ein politisches Amt geben, der kleiner ist als 1,70 m.

dimir Putin	Adolf Hitler	Josef Stalin	Silvio Berlusconi	Napoleon
0 m	1,68 m	1,65 m	1,64 m	1,53 m

Lage Großbritanniens, politische Karte.

Finnland
Norwegen
Russl
Schweden
Estland
Lettland
Däne-mark
Litauen
Russland
Weißrussla
Irland
Niederlande
Polen
Großbritannien
Belgien
Deutschland
Ukraine
Luxemburg
Tschechien
Slowakei
Mol
Frankreich
Schweiz
Österreich
Ungarn
Slowenien
Rumänien
Kroatien
Bosnien u. Herzegowina
Italien
Serbien
Bulgarien
Monte-negro
Portugal
Spanien
Mazedonien
Albanien
Griechenland

Forschungen haben ergeben, dass Neandertalern eine Sitzheizung ausgesprochen gut gefallen hätte.

Im Jahr 50 n. Chr. hatten die Römer schon mehr Fernstraßen als die Bundesrepublik 1982. Sie verfielen, nachdem die Westgoten Rom zertrampelt hatten. Ihr Chef Alarich soll gesagt haben: «Nur Frauen brauchen Straßen.»

Als Griechen die Mathematik erfanden und Römer die Fußbodenheizung, hörte man aus deutschen Wäldern nur Grunzen und das Geräusch, das Eichenkeulen machen, wenn man sie jemandem auf den Kopf schlägt.

Wie konnten Engländer ihre Insel besiedeln, wo sie doch nicht in der Lage waren, Boote zu bauen? Der niedrige Meeresspiegel und die Eiszeit machten es möglich. Hier ein Schnappschuss aus dem Jahr 9500 v. Chr.

48 n. Chr.: Das erste Teppichluder macht Europapolitik. Kleopatra (hier dargestellt von Liz Taylor) ließ sich nackt in einen Teppich wickeln und «unbestellt» an Cäsar liefern. Die Überraschung kam gut an.

In der Neuzeit bricht Europa auf. Die Portugiesen entdecken Amerika, allein: Die Wikinger waren schon längst dort, und sie sind nicht gesegelt, sie sind die ganze Strecke gerudert!

Galileo Galilei wurde erst 1992 von der katholischen Kirche rehabilitiert. Erst seitdem fliegt auch für die Kirche die Erde um die Sonne.

Die berühmte Marianne war eine unbekannte Demonstrantin im Paris des Jahres 1789, hier ein gemalter Schnappschuss. Seitdem gilt die entblößte Brust als Protest.

Der Erste Weltkrieg wurde wie eine Pauschalreise beworben. Auf der rechten Seite steht: «Auf zum Preisschießen nach Paris.» Nach sechs Wochen sollten alle wieder zu Hause sein.

Deutsches Mittelalter und die Moderne des Energiesparens können schön harmonieren.

Der römische Senator Tacitus war der Ansicht, dass Germanen in «elenden Hütten» hausen. Seitdem hat sich viel getan. Hier ein Chalet der Gegenwart aus Niedersachsen.

Europa verliebt .

... Europa
verheiratet.

Heute verlangt Europa von den Deutschen «Führung». Aber können wir das überhaupt noch? Vielleicht sollte man mal hinter dieser Tür nachschauen.

Ist Europa zu groß und zu unübersichtlich für die Menschen? Nein, klein und kuschelig, wie man hier sehen kann.

Druck der Bibel in kommerziellen Druckereien verlor sie das Monopol, die Heilige Schrift in ihren Klöstern exklusiv und mühselig von Mönchen bei flackerndem Kerzenlicht reproduzieren zu lassen. Priester ahnten noch nicht, dass eines Tages in fast jedem Haushalt und in jeder Schublade eines Hotelnachttisches eine Bibelkopie liegen wird. Wozu braucht es noch den Priester, wenn man Gottes Wort selber lesen kann? Um ihren Job mussten diese allerdings zunächst trotzdem nicht bangen, Live-Hörbücher, also Gelehrte, die das Geschriebene vortrugen, waren auch nach der Erfindung des gedruckten Buches gefragt. Nur die wenigsten Menschen konnten lesen, vor allem nicht Latein.

Luther war ein Blogger

Abhilfe schaffte hier Luther mit seiner bahnbrechenden Übersetzung der Bibel ins schnöde Deutsch. Das war im Jahr 1522 so skandalös wie zuletzt der Versuch, die Bibel als Comic zu drucken, um mit ihm Menschen zu erreichen, die noch heute keine längere Passagen lesen können, egal, in welcher Sprache.

Luthers Bibel war nicht nur auf Deutsch, sie war auch für jedermann verständlich verfasst, man solle «den Kindern in der Gasse, den Frauen im Haus und den Männern aufs Maul schauen», um die richtigen Worte zu finden, sagte er. Ein grandioser Ansatz, der heute bei vielen Autoren leider wieder in Vergessenheit geraten ist.

Das Neue Testament ist ein Text, der das Zusammenleben der Menschen so umfassend regelte, wie es heute Gesetze, philosophische Schriften und Mietverträge zusammen tun. Keiner dieser Gegenwartstexte ist wirklich verständlich, nicht mal die

Betriebsanleitung für ein Modem. Im Gegenteil, heute machen es Wissenschaftler und Juristen wieder wie einst der Klerus vor Luther: Sie drücken sich absichtlich so kompliziert aus, dass nur sie selbst und eifrige Kollegen ihre Schriften deuten können. In dieser Hinsicht könnten wir uns also durchaus ein Beispiel an Luther nehmen. Tetzels Ablasshandel war für ihn der «Stein des Anstoßes», er legte sich mit «Feuereifer» mit dem Vatikan an, akzeptierte kein «Machtwort» des Papstes. Die Menschen sah er «mit Blindheit geschlagen». Trotz des ungleichen Machtkampfes mit der Kirche wollte er sein «Licht nicht unter den Scheffel stellen» und schuf so viele neue Redewendungen und anschauliche Ausdrücke, die sich noch heute in jedem zeitgemäßen Satz sehen lassen können. Zeitweise war er in großer Gefahr und trotzdem immer voller Tatendrang: «Aus einem verzagten Arsch kommt kein fröhlicher Furz!»

Luthers Bibelübersetzung bzw. deren Verbreitung im Volk geht Hand in Hand mit Gutenbergs Erfindung des Buchdrucks kurz zuvor: Ohne ihn hätten Luthers Texte nicht ihren Siegeszug antreten können, vielleicht hätten wir nie etwas von ihm gehört. Dank des klugen Mainzers jedoch konnte Luther einfach in eine Druckerei marschieren und dreitausend Stück bestellen. Die Auflage war sofort ausverkauft und einer der Auslöser der Reformation.

Wer ein Buch übersetzt, muss es viel genauer lesen als jemand, der es nur liest. Gerade weil man in zwei Sprachen nach der Bedeutung von Wörtern sucht – suchen sollte! Zu unserer Zeit erschien die Biographie des viel zu früh verstorbenen Applegründers Steve Jobs. Auch er eine Heiligkeit, für manche ein Gott, zumindest hatte und hat er viele Jünger. Er schuf Computer und Handys, die Erlösung versprachen, und war für seine

Genauigkeit, für das Ringen nach der besten Lösung bekannt. Das Buch über sein Leben wurde sofort eine Art Bibel für seine Anhänger und sollte schnell ins Deutsche übersetzt werden. Da hätte man einen Mann wie Luther gebraucht, der sprachlich so süchtig nach Exaktheit war wie Jobs nach der Perfektion seiner Geräte. Stattdessen entschied man sich für ein Heer von Übersetzern, die in Windeseile den Text ins Deutsche gezerrt und dabei ein Beispiel davon gegeben haben, was eine schlechte Übersetzung anrichten kann. Steve Jobs wirkte im sagenumwobenen «Silicon Valley» in Kalifornien. In der deutschen Ausgabe wurde es zum «Silikontal». Dabei war das Tal weder für seine Brustimplantate noch für Fensterdichtungen berühmt, sondern für seine Computer, für die Silizium ein wichtiger Bestandteil ist.

So eine Schludrigkeit hätte sich Luther niemals erlaubt. Was die Bibel betraf, musste er zum Schluss gekommen sein, dass die meisten Priester sie nicht richtig, wenn überhaupt lasen. Auf keiner Seite findet sich der Hinweis, Gott würde den Menschen ihre Sünden vergeben, wenn sie einen kostenpflichtigen Ablassbrief aus den gierigen Händen Tetzels kauften. Priester schienen wie heutige Versicherungsvertreter darauf zu hoffen, dass sich die Menschen nur das merkten, was sie ihnen erzählten. Nun hatte mit Luther jemand das Kleingedruckte gelesen, die wahrlich langen Allgemeinen Geschäftsbedingungen, um in den Himmel zu kommen.

Für ihn war die Kirche absolut auf dem Holzweg. Als er seine Kritik, insbesondere die gegen den Ablasshandel, an die Kirchentür der Schlosskirche in Wittenberg nagelte, hätte er eigentlich seine komplette Bibel aufhängen können, aber er reduzierte seine Deutung der dicken Schwarte auf 95 Postings, wie man sie heute bei Facebook oder Twitter in die Welt schickt. Dieser Tag geht als Reformationstag in die Geschichte ein.

Luthers Analyse der kirchlichen Schwächen zeigt auch jene Gründlichkeit, die bald Markenzeichen der Deutschen werden soll: Der Ablasshandel fällt bei ihm völlig durch, alles falsch, Sünden können nicht gegen Geld vergeben werden, schon gar nicht von Menschen. Nur Gott kann vergeben, und der braucht bekanntlich kein Geld. Es sei genau anders herum, als dieser Tetzel das darstellte. Das Leben sollte nach einer von Luthers angenagelten Thesen eine einzige lange Buße sein. Jesu Wort «Tut Buße» bezog sich nicht auf zwanzig Minuten pro Tag, meinte kein moralisches Workout, sondern eine Daueraufgabe, die man bis zu seinem Tod nicht erledigen konnte. Mit dieser Deutung legte Luther, der eigentlich selbst ein Lustmensch war, den Grundstein für jene berühmte Lustfeindlichkeit, die alsbald Protestanten in aller Welt auszeichnen sollte. Tanzen, Vergnügungen? Über einen Witz lachen? Alles, was irgendwie Spaß macht, steht bei einigen Hardcore-Protestanten bis heute im Verdacht, das Gegenteil von Buße zu sein.

Bald spaltete sich die Kirche, Luther und seine Anhänger wurden verfolgt – dass Wittenberg einmal den Beinamen «Lutherstadt» tragen würde, hätten wohl damals selbst die optimistischen Mitglieder des Protestantenclubs nicht für möglich gehalten.

Manche Interpretation seiner Forderungen ging Luther im Nachhinein sicher zu weit: Seine Ansicht, zwischen Gott und dem Menschen solle kein Priester mehr als Übersetzer stehen, wurde z.B. von einigen dahingehend gedeutet, dass jeder sein

Glaubensritual selber inszenieren könne: Einige tauften sich plötzlich gegenseitig im Fluss (Wiedertäufer), andere schwärmten von der Abschaffung des Privateigentums oder der freien Liebe – manches erinnert an die Hippierevolution ein paar Jahrhunderte später. Doch welche Ausprägung die Einzelnen auch lebten, verfolgt wurden sie alle.

Wie ein Puzzleteil ins andere passt insofern die dritte Sensation der Neuzeit zu diesen Entwicklungen: Dank der Entdeckung Amerikas konnten alle Lutherfans, die nun als Protestanten gejagt und drangsaliert wurden, einfach sagen: «Dann gehe ich halt woandershin, wo es besser ist, und fange von neuem an.» Neu anfangen, das ging erst mit der Neuen Welt.

Auch heute noch gibt es in den USA viele evangelische Freikirchen und die lutherische Idee, das Leben solle eine einzige Buße sein, ist dort nach wie vor lebendig. Wie bei jeder Obsession gewinnen die Obsessivsten die Show. So spalten sich von den Mennoniten noch mal die Amish People (auf Deutsch: die Amischen) ab, die sich bis heute jeglichen Komfort wie Autos oder anderen technischen Schnickschnack versagen. Wie in einem amerikanischen Heimatfilm tragen sie Kleidung, wie sie auch ihre Vorfahren bei der Einwanderung trugen, und benutzen Kutschen statt Autos.

Doch auch innerhalb der Amish People gibt es, für den Außenseiter unsichtbar, einen Wettbewerb um die radikalste Buße. Kutsche, okay, aber einige verweichlichte Amische erlauben sich eine Gummibereifung auf deren Rädern! Wahrscheinlich, um so eine besonders komfortable Fahrt genießen zu können. Soll das eine anständige Buße sein? Nein, das ist Luxus! Nur auf metallbeschlagenen Holzrädern wird jedes Schlagloch zur wahren Buße.

Halloween – die bessere Party

Inzwischen ist der Streit zwischen Katholiken und Protestanten fast überall Geschichte, zum Glück gibt es einen neuen, gemeinsamen Feind – nicht den Islam, schlimmer: Halloween. Wenn sich Ende Oktober Kinder als Hexen, Zauberer und Gruselwesen verkleiden, steht die Christenheit wie ein Mann auf und protestiert: Ein Kommerzfest aus den USA sei Halloween. Ich frage mich: Wer profitiert denn von Halloween? Die Kürbisindustrie? Die paar Anbieter von Kostüm- und speziellen Halloween-Equipment kann man vernachlässigen, schaut man sich das eine, echte Kommerzfest an: das der Christenheit, genannt Weihnachten. Mit vier Wochen Advents-Countdown – dagegen ist Halloween ein Kindergeburtstag! Zählt man dann noch den Zeitraum ab Mitte August dazu, wenn man den ersten Christstollen beim Discounter erwerben kann, sind wir schon bei vier Monaten Countdown in Sachen besinnlicher Kommerz. Ich bin mir fast sicher: Die Kirche bekommt jedes Jahr im Rahmen einer geheimen Gala die «Goldene Kasse des Einzelhandels» verliehen.

Doch vor allem Protestanten fühlen sich durch Halloween herausgefordert, fällt doch das Fest mit dem 31. Oktober auf den Gedenktag an Luthers Vandalismus in Wittenberg. Und so ist Verlass darauf, dass sich an diesem Tag ein Pfarrer im Radiostudio vors Mikrophon stellt und fragt, warum man an diesem Tag denn nicht lieber den Reformationstag feiert. Ja, warum eigentlich nicht? Ich wäre dabei! Aber dann muss auch ein bisschen Spaß dabei sein. Dann möchte ich im Supermarkt Lutherkostüme kaufen können. Und die Kinder dürfen ihre Wünsche an die Kirchentüren nageln. Es ist doch nicht so schwer.

Stradivari – Qualität aus Italien

Nun machen also in der Frühen Neuzeit endlich mal die Deutschen von sich reden: Von den drei wichtigen Großereignissen in Europa gehen immerhin zwei auf das Konto der Deutschen: die Erfindung des Buchdrucks mit beweglichen Lettern und die Reformation. Nur die Entdeckung Amerikas können andere für sich verbuchen.

Aber auch Italien erstarkte in dieser Zeit: «Renaissance» nennt man diese Epoche dort, die Wiedergeburt der Antike: Das antike Wissen wurde neu entdeckt oder wiederbelebt, insbesondere in den Künsten. Tatsächlich schwang sich Italien zu ungeahnten Höhenflügen auf. Indes, die Zeit, in der fast ganz Europa politisch durch Italien beherrscht und geprägt wurde, war vorbei.

In der Malerei gehörten Leonardo da Vinci und Michelangelo zu den herausragenden Künstlern: Beide schufen Kunst, die Menschen wirklich bewegte und es noch heute tut. Vor der Mona Lisa im Louvre in Paris erschießen sich später Zuschauer vor Begeisterung, und auch der erste Betrachter von Michelangelos fünfzig Nackten an der Decke der Sixtinischen Kapelle in Rom starb vor Rührung: Es war der Papst, der im Vorfeld darauf gedrängt hatte, das Gemälde endlich zu zeigen.

Vorher musste Michelangelo über vier Jahre auf einem Holzgestell dicht unter der Decke auf dem Rücken liegend arbeiten. Eine sehr anstrengende Arbeitshaltung, wie man sich vorstellen kann. Pech für ihn, dass es damals noch kein *Kieser Training* gab. Vielleicht schlief er zur Erholung im Stehen?

Europa, nein, die ganze Welt profitiert noch heute von den großen Kulturleistungen Italiens dieser Zeit. So baute Antonio

Stradivari vor rund dreihundert Jahren Bratschen, Celli und vor allem Geigen, die noch heute zu den besten gehören, die man spielen kann, sofern man bereit ist, bis zu zwölf Millionen Euro für sie hinzulegen. Der Showgeiger André Rieu war es – das feine Instrument konnte sich leider nicht wehren.

Stradivaris sind so kostspielig, dass sich selbst die WestLB zwei zu Anlagezwecken zulegte. Vielleicht das einzige Investment der Landesbank, das bis zu ihrer Auflösung nicht floppte. Ganz anders bei der Bremer Sparkasse, die Stradivaris vom führenden Stradivari-Händler Dietmar Machold als Sicherheiten für Kredite einlagerte. Der Skandal: Der umtriebige Österreicher hinterlegte wertlose No-name-Geigen, bis ein Sachverständiger den Bremern versicherte, in ihrem Safe lägen keine Stradivaris, sondern Schülergeigen. In dem Moment flog einer der größten Schwindel des Instrumentenhandels auf. Machold ging pleite und wurde angeklagt. Und das Magazin *Der Spiegel* musste für einen Artikel mit dem Titel «Alles vergeigt» fünf Euro in die internationale Wortspielkasse in Den Haag stecken.

Dass die Stradivari-Geigen auch nach dreihundert Jahren nichts von ihrer Qualität eingebüßt haben, wirft eine Frage auf. Wie kann Qualität, Langlebigkeit und Perfektion überhaupt aus Italien kommen? Heute traut man den Italienern diesbezüglich nicht so viel zu. Als Mario Draghi die Präsidentschaft der Europäischen Zentralbank übernahm, gab es viele Zweifler: Ein Italiener, zuständig für die Stabilität und Solidität unserer Währung? Sind wir mit einem obersten Währungshüter aus Italien auf einem guten Weg?

Blickt man allein auf die Geschichte, mag man diese Frage mit «ja» beantworten, denn das Bankwesen an sich ist eine italienische Erfindung. Seit zweitausend Jahren schicken Katholiken ihr Geld nach Rom, es gibt wenige Banken, die noch älter sind. Selbst unsere heutigen Sparkassen und Postbanken sind italienisch geprägt. Wie bitte? Das ist Ihnen bisher nicht aufgefallen? Haben Sie denn noch nie das italienische Flair beim Betreten Ihrer Sparkassenfiliale bemerkt? Was haben wir denn dort? Wir haben ein *Girokonto*, nehmen *Kredite* auf, und wenn es schlecht läuft, sind wir im *Dispo*. Allesamt italienische Begriffe. Ebenso geht der berühmte Lombardsatz, der Zinssatz, zu dem eine Zentralbank Geld an Banken verleiht, auf die italienischen Lombarden zurück: Da in der Neuzeit viele Banker aus der Lombardei kamen, wurde die Bezeichnung für ihre Einwohner das Synonym für Banker allgemein.

Friedrich der Kleine

Deutschen scheint das Revoltieren nicht in den Genen zu liegen. Bis auf wenige Ausnahmen waren sie immer erschreckend brav, so brav, dass noch im 20. Jahrhundert der russische Oberrevolutionär Lenin ätzen sollte: «Revolution in Deutschland? Das wird nie was. Wenn Deutsche einen Bahnhof stürmen wollen, lösen sie vorher eine Bahnsteigkarte.» Tatsächlich gibt es heute noch in Hamburg und München eine Bahnsteigkartenpflicht, und rund zwanzigtausend Deutsche lösen dort jährlich ein solches Ticket, auch ohne Revolution.

Doch wir wollen fair sein: Zwischen Gutenbergs Buchdruckrevolution 1450, Luthers Kirchenrevolution ab 1517 und den Bauernkriegen ab 1524, die in Wirklichkeit eine Bauernrevolution waren, hatten unsere Vorfahren genug revoltiert. Vielleicht wurde ihnen der Daueraufstand mit der Zeit auch zu viel, schließlich sorgte die Kirchenspaltung noch bis 1648 für Unruhe. Auf jeden Fall kehrten die Deutschen bald wieder zu altbekannter Bravheit zurück. Reformen, die fortan in anderen Ländern von ganz normalen Menschen erkämpft wurden, kamen bei uns von Königen, die zu intelligent waren, um ihr Volk ausschließlich zu unterdrücken.

So ab 1712 in Preußen, das es zwar schon seit dem Mittelalter gab, nun aber auf eine Größe heranwucherte, die sich angesichts des sonstigen Flickenteppichs deutscher Ministaaten geradezu herausragend ausnahm. Hier lebte Friedrich, gerne als der Große bezeichnet. Wie wir alle hat er aber klein angefangen: als Kind. Und er taugte als Kind und Jugendlicher genauso wenig wie jeder andere Angehörige dieser Altersgruppe. Vor allem in den Augen seines Vaters. Denn der kleine Friedrich war außerordentlich musisch veranlagt und interessierte sich weder für Politik noch fürs Militärische, was damals ungefähr dasselbe war. Er spielte lieber Querflöte, drehte sich Locken ins Haar und schwadronierte über philosophische Fragen mit seinem französischen Freund Voltaire. Das wäre auch überhaupt kein Problem gewesen, wenn sein Vater auch Philosoph gewesen und Querflöte gespielt hätte. Aber Friedrichs Vater, Friedrich – ja auch der Vater hieß Friedrich, zwar zusätzlich noch Wilhelm I., aber das hilft uns nicht, da es bis zum Ende des deutschen Kaiserreiches 1918 vor lauter Friedrichen und Wilhelmen und Friedrich-Wilhelmen nur so wimmeln wird –, aber dieser Vater hatte einen Beinamen, der sich leicht erinnern lässt: der Soldatenkönig. Der Mann war derart militaristisch, dass Preußen als Armee mit angehängtem Staat gesehen wurde.

Sein Sohn war in seinen Augen ein hoffnungsloser Waschlappen, sein Interesse für die schönen Künste eine Katastrophe.

Die Not des Vaters war in etwa so groß, wie es die von Hitler gewesen wäre, hätte er einen Sohn gehabt, der ihm eines Tages gebeichtet hätte: «Du Papa, ich möchte Balletttänzer werden.»

Irgendwann erwischte der Soldatenkönig den kleinen Friedrich dabei, wie er Gedichte schrieb, und damit war das Fass übergelaufen. Er ließ ihn einsperren, sicherlich eine der höchsten Strafe fürs Gedichteschreiben bis dahin. Doch dem kleinen Friedrich gelang die Flucht, und er versuchte zusammen mit seinem besten Freund Katte nach England zu gelangen, das Land, in dem es den Rechtsstaat und Freiheit schon gab.

Aber sie schafften nur wenige Kilometer, wurden festgesetzt – und dann kam es dicke: Der Vater verurteilte seinen Sohn und dessen Freund zum Tode. Das eigene Kind! Später wurde das Urteil seines Sohnes auf Stubenarrest abgemildert, der Freund aber vor den Augen des jungen Friedrich exekutiert. So grausam das war, die vom Soldatenvater intendierte Wirkung verfehlte diese Hinrichtung nicht. Friedrich wurde härter.

Eine Ironie der Geschichte, die auch die Unschärfe von Schlagworten zeigt, ist, dass der väterliche Soldatenkönig zwar Preußen zu einem militaristischen Staat machte, aber nie auch nur einen Krieg geführt hat. Die Armee wuchs, und ihre Kasernenhofkultur voller Befehle, Strafen, Zack-zack und «Achtung! Stillgestanden!» wurde auch auf dem Amt, in den Schulen und bis in die Familien hinein stilprägend. In der Rangliste der bevölkerungsreichsten Länder Europas kam Preußen auf Platz 13, hatte aber die drittstärkste Armee. Für sie erfand der Soldatenkönig die Wehrpflicht. Bis dahin wurden junge Männer für gewöhnlich in Wirtshäusern von Werbern so lange zu Bier und Wein eingeladen, bis sie sich lallend auf einem Zettel verpflichteten. Dieses Vorgehen generierte horrende Bewirtungsspesen. Mit der Wehrpflicht wuchs die Armee schneller, sie wuchs und wuchs und nötigte den Nachbarn Respekt ab. Bald flossen 85 Prozent der Staatseinnahmen in diesen «Staat im Staate». Die berühmten «Langen Kerls» des 6. Regiments waren weder nur eine Ehrenkompanie noch eine Erfindung Friedrichs des Großen, schon sein Vater ließ ganz Europa nach Männern über 1,88 m durchkämmen. Die schaffen heute zwar schon viele Teenager, wenn sie 16 werden, doch in Relation zur Durchschnittsgröße der damaligen Menschen von geschätzten 167 Zentimetern nahmen sich die Riesen so aus, als träfen wir heute mit unseren durchschnittlichen 178 Zentimetern auf eine Garde voller knapp über zwei Meter großer Hünen.

Weit über zweitausend Riesen kamen so zusammen, sie hätten manchen Vorgarten verwüsten können, aber auch sie wurden unter dem gefürchteten Vater nicht eingesetzt. Es blieb ein martialisches Riesenspiel, das allerdings den Boden bereitete für all jene Kriege, die der sensible Sohn des Soldatenkönigs führen wird: Als dieser 1740 stirbt, übernimmt der Dichter und ist bald so brutal wie jeder andere Herrscher auch.

Als Friedrich zum «Großen» wurde, brachte er den Deutschen das, was andere Völker in Eigenregie erkämpft hatten, z.B. Grundrechte wie die Religionsfreiheit, die es zwar schon im Alten Rom gegeben hatte, aber danach 1700 Jahre lang nicht mehr.

Viele Kriege waren wegen Religionen geführt worden, da klang Friedrichs berühmter Satz «Jeder soll nach seine Fasson selig werden» geradezu revolutionär neu. Vielleicht machte er diesen geschickten Schachzug zur Befriedung des Religionskonflikts auch auf Anraten seines philosophischen Freundes

Voltaire, von dem er sich nach wie vor beraten ließ. Präsidenten, die sich von Philosophen beraten lassen? Das gab es zuletzt in Frankreich, wo sich der ehemalige Präsident Nicolas Sarkozy vom Philosophen Bernard-Henri Lévy Ratschläge geben ließ. Uns würde es ungewöhnlich vorkommen, träfe sich Angela Merkel regelmäßig am Kaminfeuer zu Konsultationen mit, sagen wir, Peter Sloterdijk.

Wie dem auch sei, Preußen wurde unter Friedrichs Ägide flott modernisiert. Es gab eine Schulpflicht, die Kartoffel wurde als neues Trendgemüse mit allem Nachdruck eingeführt, Moore wurden trocken gelegt, Deiche gebaut, Flüsse begradigt, fehlte eigentlich nur noch die Autobahn.

Manche Neuerung hätte der reformfreudige Herrscher im Nachhinein wohl gerne zurückgenommen, so die Unabhängigkeit der Gerichte. Das Problem: Wenn man Leuten Rechte gewährt, Regeln einführt, die für alle gelten sollen, muss man damit rechnen, dass diese auch eingefordert werden. Man kennt das von zu Hause, wenn man Essen vor dem Fernseher verbietet und sich selbst mit einem Teller voll Schnittchen vor den Fernseher setzt. Plötzlich bauen sich junge und körperlich unterlegende Familienmitglieder vor einem auf und rufen lauthals: «Kein Essen vor dem Fernseher!»

Trotzdem fiel Friedrich aus allen Wolken, als die von ihm erlassenen Gesetze auch für ihn gelten sollten. Beim Versuch, für die Erweiterung des Parks in seinem Lustschloss Sanssouci (sans souci, franz. für: ohne Sorge) einen Müller zu enteignen und seine Mühle abzureißen, stellte sich dieser quer. König hin oder her, er habe Grundrechte. Sein Privateigentum sei unverletzlich und das Berliner Gericht frei. Über so viel Selbstbewusstsein staunte der König nicht schlecht. Die Mühle blieb und überlebte ihn, ja, sie schaffte es sogar bis zum Zweiten Weltkrieg. Noch heute steht eine Rekonstruktion direkt hinter dem Schloss.

Die meisten Menschen sind in ihren letzten Jahren nicht so dynamisch wie in ihrer Jugend. So natürlich dies ist, so überrascht sind Historiker trotzdem immer wieder, dass auch Personen der Geschichte am Ende ihres Lebens nachlassen, schrullig werden, dem Leben abgewandt sind und nicht mehr an ihre alten Erfolge anknüpfen können. Auch Friedrich der Große sah am Ende seines Lebens mit Bitterkeit auf die Menschen herab und zog den Umgang mit seinen Hunden vor. Diese hätten, so sagte er einmal, alle gute Eigenschaften des Menschen, ohne über seine schlechten zu verfügen.

Kurz vor seinem Tod hat Friedrichs Kauzigkeit den Zenit erreicht. Sein letzter Wunsch: Neben seinen geliebten Vierbeinern begraben zu werden.

Die Schweinekrone

König ist eine besonders gemütliche Beschreibung für «Diktator», es sei denn, das Volk hat ihm alle Macht genommen und behält ihn nur noch aus Nostalgiegründen, wie wir es heute von Spanien, Belgien, den Niederlanden, Großbritannien oder auch Schweden kennen. Solange es ein Parlament gibt und die Königsfamilie nur für den Nachschub an debilen Skandalgeschichten zuständig ist, hat das seinen Reiz. Ob Schwedens Carl XVI. Gustaf im Rotlichtmilieu Party macht, Spaniens Juan Carlos I. auf Elefantenjagd geht, während sein Land am Rand des Bankrotts steht und einen Sturz im Bad zum Jagdunfall stilisiert, Englands Prinz Harry behauptet, er sei deshalb ein guter Schütze im Afghanistaneinsatz, weil er oft Videospiele gespielt habe, oder ob er im Karneval als Nazi auftaucht – ohne diese Truppe hätten wir doch nur halb so viel Spaß.

Zu Zeiten Friedrichs des Großen jedoch waren Könige Despoten, daran änderte auch sein Modernisierungswille nichts. Auch in den anderen deutschsprachigen Königreichen herrschten Tyrannen ohne Kontrolle, und das auch noch 1848. Über drei Jahrhunderte nach den Bauernaufständen hatte der gemeine Deutsche immer noch nichts zu melden, andere Völker hatten ihre Könige längst zum Teufel gejagt. Die Briten schon 1688 in ihrer *Glorious Revolution*. Gut, die Engländer sind höflich, weggejagt ist übertrieben, aber immerhin mischte seitdem ein Parlament mit.

Dann, 1776, schafften es die Amerikaner, aus dem Empire auszusteigen. Kronkolonie wollten sie nicht mehr sein. Einen König brauchten sie nie wieder, höchstens einen King of Pop.

1789 brachen die Franzosen ihre Revolution vom Zaun, und die hatte wirklich Pfeffer. Gut, die Freude währte nur kurz, und in wenigen Jahren war die gewonnene Freiheit, Gleichheit und Brüderlichkeit einem derartigen Terrorregime gewichen, dass die Franzosen sich geradezu freuten, als wieder ein Diktator mit lustigem Hut namens Napoleon das Ruder übernahm.

1848, das Jahr, mit dem wir uns jetzt beschäftigen wollen, legten die Franzosen im Februar ihre nächste Revolution aufs Parkett und riefen die Zweite Republik aus.

Und wir Deutschen? Es war ja nicht so, dass unsere Vorfahren damals nicht auch protestierten, die Stimmung in Berlin 1848 konnte in eine Revolution münden, das spürte man. In

Wien, so war zu hören, war die Revolution in vollem Gange, das trieb die Berliner besonders um. Sollten die ansonsten lahmen Österreicher etwa mehr Schneid haben als man selber?

Nachdem tagelang kleinere Krawalle stattgefunden hatten (vergleichbar vielleicht mit denen bei uns am 1. Mai in Berlin oder Hamburg) und angesichts der revolutionären Nachrichten aus Frankreich und Österreich ließ der König, der mal wieder Friedrich Wilhelm hieß (diesmal der IV.), die Nachricht verbreiten, er werde Reformen einleiten. Ein Satz, mit dem Despoten bis heute versuchen, die Massen zu beruhigen – zuletzt der syrische Diktator Assad.

Friedrich Wilhelm gelang es, die Delegationen des Volkes zu beschwichtigen und ließ sich dann überreden, auf dem Schlossbalkon vor die Menschen zu treten. Das war ein Fehler: In unruhigen Zeiten sollte man besser ein Versammlungsverbot verhängen.

Die Massen strömten auf den Platz. Als Friedrich sah, wie viele gekommen waren, wurde ihm unheimlich zumute. In einer solchen Situation sollte später auch der rumänische Diktator Ceaușescu vom Thron geschubst werden: Bei einer großen, als Jubelveranstaltung geplanten Rede vor dem Volk musste er feststellen, dass man auch Oberrumänen ausbuhen kann. Das letzte Kapitel seiner Herrschaft war eingeläutet.

In Berlin 1848 bekam Friedrich Panik angesichts der Menschenmassen und rief die Wasserwerfer. Zugegeben, die gab es damals noch nicht. Aber dafür die Gardedragoner, eine Eliteeinheit, die mit ihren Pferden auf den Platz ritt, sich zu einer Reihe formierte und dann im Schritttempo in die Menge reinritt, um diese aufzulösen. Das brachte das Volk zum Kochen, einige zerrten die Reiter aufgebracht von ihren Pferden, es fielen erste panische Schüsse, schließlich ließ Friedrich gezielt auf die Menschenmenge schießen. Die Folge: Straßenschlachten und viele Tote.

Taxis zu Barrikaden

Im Gegensatz zu unserer Vorstellung von einer Revolution – hier entschlossene Revoluzzer, da die Armee des Königs – beschrieb der 29-jährige Theodor Fontane das Dilemma, in dem wohl das Gros der Menschen damals steckte: Man sympathisiert mit dem Aufstand, hofft, dass er erfolgreich ist, aber wenn man selber «runtergeht», riskiert man sein Leben. Also hoffte Fontane wie die meisten Berliner, dass die anderen die Kastanien aus dem Feuer holten.

Fontane zögerte lange. Sollte er denn nun runtergehen oder nicht? Natürlich, ja! Wer will sich in so einer Situation abwenden und die anderen Leute Geschichte schreiben lassen? Aber was, wenn ein Regiment auftauchte und einen kurzerhand niederschoss? In seinem Zimmer hörte er immer wieder den Protestlärm umherziehender Gruppen. Und schließlich ging er doch hinunter, allerdings: In diesem Moment war es ruhig in seiner Gasse. Schlief die Nachbarschaft? In dieser Stunde? Schnell wechselte er emotional die Seiten und konnte es nicht fassen, dass es Leute geben konnte, die es vorzogen, in den Häusern zu bleiben. Doch was konnte er tun, so ganz alleine auf der Straße? Sein Plan: Mit Sturmläuten die Massen aufwecken, denn er hatte einmal gehört, dass die Kirchen in einer Revolution Sturm läuten. Doch als er zur Kirche in seiner Nachbarschaft kam, war die Tür abgeschlossen. Der Versuch, allein einen Pfahl aus dem Boden zu ziehen, um mit ihm die Tür einzuschlagen, misslang. Er wollte sich einfach nicht lösen, so sehr Fontane auch an ihm zerrte, sodass er schließlich aufgab und unverrichteter Dinge wieder in sein Zimmer zurückkehrte. Doch wer kann sich schon entspannen, wenn unter dem eigenen Fenster eine Revolution stattfindet? Fontane hörte wieder den Lärm, beobachtete, wie Droschken, die damaligen Taxis, zu Barrikaden aufgetürmt wurden, er sah die Plünderung eines Theaters und schloss sich schließlich einer Gruppe von Revolutionären an.

Aus dem Theater schleppte man die Kulissen auf die Straße, türmte sie auf, um sich hinter ihnen zu verschanzen. Die eintreffenden Soldaten stießen so auf eine Alpenlandschaft mitten in Berlin, von der aus geschossen wurde. Aber mit was? Revolutionäre sind in der Regel viel schlechter ausgerüstet als der Gegner, in diesem Fall waren die meisten Revoluzzer nur Demonstranten. Fontane blieb also nichts anderes übrig, als sich ein Gewehr aus dem Theaterfundus zu schnappen, keine Attrappe, immerhin, aber ein ausrangierter Karabiner von anno dazumal. Draußen vor der Alpenkulisse schüttete er Schießpulver hinein und steckte Münzen in den Lauf, weil er keine Patronen hatte. Einen Schuss konnte er nicht abgeben, zum Glück, er hätte nur sich selbst verletzt. Nur einige Jäger unter den Revolutionären waren bewaffnet. In einer anderen Straße schmiss man Dachziegel auf die Truppen – mit durchschlagender Wirkung. Doch auch diese Revolutionäre waren keine Profis, keiner von ihnen dachte an Fluchtwege, und so waren sie gefangen, sobald eine Einheit das Treppenhaus hinaufstürmte.

Am bitteren Ende wurde selbst mit Kanonen geschossen. Fontane lief hier und da mit, versteckte sich in den richtigen

Momenten und prägte sich das Gesicht eines alten Kommandeurs ein, der seiner Truppe den Schießbefehl gab. Es war das Gesicht eines väterlichen, vielleicht schon großväterlichen Mannes mit Bart, in dessen Gesicht Fontane einen Ach-Kinder-warum-geht-ihr-nicht-einfach-nach-Hause-Blick meinte ausmachen zu können.

Als der Aufstand schon niedergeschlagen war, entdeckte Fontane eine der gefürchteten Sechspfünderkugeln, die in Brusthöhe in der Wand einer Apotheke steckengeblieben war, halb schaute sie noch aus dem Mauerwerk heraus. Sie traf genau die Mitte eines der zahlreichen Plakate, mit denen der König seine Proklamationen veröffentlichte. Sie begannen stets mit dem Satz «An meine lieben Berliner». Nur dieser groß gedruckte Satz war noch lesbar, darunter steckte nun die Kugel.

Revolution im Theater

In Belgien hatte es einige Jahre zuvor mit der Revolution geklappt, und auch diese Geschichte reizte die Deutschen, endlich selbst etwas zu tun. Dort war erstaunlicherweise der Komponist Daniel-François Auber Auslöser des Umsturzes. Der Franzose hatte eine Oper komponiert, die im Sommer 1830 im Théâtre de la Monnaie in Brüssel gezeigt wurde. Sie hieß «Die Stumme von Portici», und es ging in ihr um den Aufstand der Neapolitaner, die von den Spaniern besetzt und unterdrückt wurden. Restlos ausverkauft war das Haus, und die Menschen schauten gebannt, inspiriert und aufgeregt zu. Als die Freiheitsarie gesungen wurde, stürmte das Publikum erst auf die Bühne, dann auf die Straße und begann dort den Aufstand, den ihm soeben noch Schauspieler vorgespielt hatten, kurzerhand selbst.

Wenige Monate später wurde die Monarchie entmachtet und die Revolutionäre mit Theater-Abo standen wieder auf einer Bühne. Diesmal war es der Balkon des Rathauses. Von dort oben proklamierten sie mit einer provisorischen Regierung die Unabhängigkeit Belgiens von den Niederlanden, die als Okkupanten im übertragenen Sinne so unbeliebt waren wie einst die Spanier in Neapel. Der König wurde entmachtet. Immerhin ließen ihn die Belgier am Leben, noch heute ziert das Konterfei seines Nachnachfolgers die belgischen Euromünzen. Damit stehen die Belgier in ihrer Mentalität zwischen Frankreich und Deutschland: Während der König von Preußen den Aufstand niederschlagen ließ, haben die Franzosen nach ihrer Revolution 1789 den letzten König Louis XVI mit der Guillotine hingerichtet – ohne Diskussion.

Ideen kann man nicht erschießen

Neben Fontanes Erlebnissen in den auch «Märztage» genannten Ereignissen in Berlin, erlebten viele Deutsche auch in anderen Teilen des Landes Aufbegehren und Tumulte. Aufständische schrieben eine Verfassung, die ein Wahlrecht enthielt, und es wurden tatsächlich erstmalig Volksvertreter gewählt, die sich in der Frankfurter Paulskirche so versammelten, dass wir noch heute beim Anblick der Abbildungen denken: «Hey, sieht doch schon fast aus wie im Bundestag.»

Warum ist es dann doch schiefgegangen? Ein Grund war die absurd-naive Annahme, der König könnte mit den Beschlüssen einverstanden sein. Es war also wieder unser Bravheitsgen, das uns in die Quere kam. Die Einbeziehung des Königs war ein Moment der Schwäche. «Die Schweinekrone mit dem Ludergeruch der Revolution können die sich selber aufsetzen», soll Friedrich gesagt haben. Und dann einen Satz, der bis heute wie damals in Berlin immer wieder böse Wirklichkeit wird, ob in Syrien, Iran oder China: «Gegen Demokraten helfen nur Soldaten.» Die Revolution wurde nach und nach neutralisiert oder niedergeworfen. In Wien passierte dasselbe. Dort rief der Revolutionär Hermann Jellinek seinen Peinigern noch einen Satz zu, den man sich allerdings merken sollte: «Ideen kann man nicht erschießen.»

In der Tat lebt die Idee von Demokratie in den Köpfen weiter fort, die Deutschen zettelten aber erst 1918 wieder eine Revolution an und besannen sich bis dahin auf andere Hobbys: Königen zuzujubeln und sich ansonsten wegzuducken.

Die Erfindung des Schaffners

Schon die Bauernkriege hatten zu nichts geführt, 1848 kam die nächste Pleite, danach ging es bei uns Deutschen so weiter wie im heutigen China: Technisch gesehen jagte ein Fortschritt den nächsten, politisch herrschte Stillstand, es sei denn, er kam von außen.

1835 fuhr die erste Eisenbahn von Nürnberg nach Fürth; eine Sensation: Endlich wurde der Schaffner erfunden und das schöne deutsche Wort «Zugestiegene». Doch mit dem Einzug der Moderne stellte sich auch ein modernes Empfinden bei den Deutschen ein: Technikfeindlichkeit und die generelle Skepsis gegenüber allem Neuem. Die Kirche warnte vor dem «feurigen» Drachen; Christen sollten sich fernhalten, denn der «Teufelsspuk» fahre direkt in die Hölle – geistig befand sich die Kirche also immer noch im Mittelalter.

Andere bemängelten, die Eisenbahnlinie würde die Natur durchschneiden und beeinträchtigen. Anscheinend gab es schon 1835 den NABU.

Wissenschaftler warnten, die Reisenden würden durch die hohe Geschwindigkeit des Zuges von sechsunddreißig Kilometern pro Stunde Depressionen und Angstzustände bekommen. Heute ist es genau andersherum: Durch die *Langsamkeit* der Züge bekommt man Depressionen. Im letzten Januar sind Menschen, die sich vor den Zug schmeißen wollten, auf den Gleisen erfroren, bevor der Zug endlich kam ...

Besonders hintersinnig waren zu Anbeginn der Moderne die Einwände des Schriftstellers Moritz Gottlieb Saphir aus Österreich: Die Welt würde durch die Erfindung der Eisenbahn kleiner werden, da man schneller woanders sei. Briefe würden aussterben, denn wozu schreiben, wenn man auch ganz schnell persönlich vor Ort sein kann? Auch Romane würden verschwinden, die damals allesamt «romantisch» – daher ihr Name – und oftmals kitschig waren. Ihre Geschichten bestünden stets aus Abschiedstränen, lästerte Saphir, einen halben Band könne man mit den Tränen füllen. Doch wenn alsbald eine Bahn zwischen Leipzig und Hamburg verkehrte, würde es keine richtigen Abschiede mehr geben, denn man wäre schnell wieder zu Haus. Auch würde man auf Reisen viel unaufmerksamer, bekäme von Land und Leuten weniger mit, prophezeite der Schriftsteller hellsichtig. Eine Europareise dauerte in der guten alten eisenbahnlosen Zeit zwei Jahre, doch bald würde ein Sohn auf die Frage des Vaters, wie ihm Holland gefallen habe, antworten: «Holland habe ich verschlafen.»

Vielleicht ahnte Saphir, dass es dereinst so etwas wie *Interrail* geben würde, bei dem in der Tat viele junge Leute komplette Länder verschlafen, wenn sie, um das Hotel zu sparen, abends in München in den Nachtzug nach Rom steigen und so zum Beispiel die Schweiz mit geschlossenen Augen durchqueren.

Wie viel intensiver war doch die Zeit, in der man vor allem wandernd unterwegs war! Es ist nicht ganz sicher, wann «Die gute alte Zeit» erfunden wurde, aber sie stand und steht immer für eine Welt, die einfacher und übersichtlicher war. Und so stolperten die Deutschen ins 20. Jahrhundert: sehnsüchtig nach dieser guten alten Zeit, gleichzeitig aber auch immer wieder begeistert von Fortschritt und Erfindergeist. So wurde damals z.B. der erste Pappbecher produziert, von da ab waren es dann nur noch schlappe hundert Jahre bis zum Siegeszug von *Coffee to go*. Eine Frau erfand den Scheibenwischer, da sie fürchtete, zu spät zu ihrem Termin zu kommen, wenn der Taxifahrer im Regen alle paar Meter aussteigen muss, um die Scheiben zu putzen. Sie ersann die Gummilippe, die mit einem Drehknopf von innen hin und her geschwenkt werden konnte und die vom Prinzip, nur elektrisch angetrieben, noch heute so verbaut wird.

Die schönste Erfindung meldete aber Georg Borries beim Berliner Patentamt an: einen Weckautomaten, der einen nur weckt, wenn draußen schönes Wetter ist.

Ich hätte den sofort gekauft und als Hamburger nach einem Jahr wahrscheinlich gedacht: Der ist wohl kaputt.

Von Napoleon lernen, wie man sich vorm Abwasch drückt

Geschichte ist die Lüge, auf die man sich geeinigt hat.

NAPOLEON BONAPARTE

«Kinder an die Macht» heißt ein beliebtes Lied von Herbert Grönemeyer. Es vermittelt die Hoffnung, alles würde besser laufen, wenn eben nicht Erwachsene, sondern Kinder regierten. Zwar haben Psychologen in Verhaltenstests herausgefunden, dass Kinder schon für die Wiedererlangung eines Dreirades, das man ihnen weggenommen hat, ohne zu zögern Atomraketen zünden würden, manche sogar schon für ein Stück Schokolade. Trotzdem bleibt die vage Hoffnung, Kinder seien irgendwie die besseren Menschen.

Frankreich hat die Utopie Grönemeyers bereits vor einigen Jahrhunderten ausprobiert, als der kleine Louis im Alter von nur vier Jahren König wurde. Louis ist heute wieder ein gern verwendeter Name und wirkt auch nur mit dem Zusatz «der

Vierzehnte» exzentrisch. Meist tragen selbstbewusste Kinder diesen Namen. Wenn die Erzieherin in der Kita sagt: «Du störst die ganze Gruppe, wenn du die Märchen-CD bis zum Anschlag aufdrehst», kommt schon mal ein: «La garderie? C'est moi!» Die Kita? Das bin ich.

Mit der Machtübernahme eines Vierjährigen beginnt 1643 eine beispiellose Erfolgsgeschichte Frankreichs, insofern hat Grönemeyer recht: Das Kind hat sich für die Franzosen gelohnt. Das ist auch der Grund, warum sie erst jetzt im Fokus des Buches stehen, denn die Zeit, in der sie Europa maßgeblich und mehr als alle anderen geprägt haben, fällt zwischen den großen Hit «Kinder an die Macht» mit Louis XIV 1643 und dem Flop «Waterloo» von Napoleon 1815.

So wie die Deutschen in der Frühen Neuzeit über sich hinauswuchsen, taten es in dieser Zeit die Franzosen.

Vorige Herrscher wie Heinrich IV. blieben nur mit kleineren Dingen in Erinnerung, wie mit dem Versprechen: «Jeder Bauer soll am Sonntag ein Huhn im Kochtopf haben.» Eine Ausnahme in der französischen Geschichte stellt bis hierhin eigentlich nur Karl der Große (748 bis 814) dar, der sich dem Trend des Mittelalters verweigerte, alles vor die Hunde gehen zu lassen. Während woanders das gesamte Wissen der Antike vergessen wurde (wir erinnern uns: Antike bis 500 n.Chr.), sammelte er die schlauesten Leute um sich – ein Think Tank, würde man heute sagen. Mit ihrer Hilfe bescherte er dem Frankenreich einen großen Vorsprung in Künsten und Wissenschaften. Sein Reich bedeckte bald ganz Europa, sogar die Bayern unterwarf er, was ihm bei anderen deutschen Stämmen große Sympathien einbrachte; schließlich wurde Karl sogar römischer Kaiser. Sein Thron stand allerdings in Aachen, bezeichnend für den

Verfall des echten Römischen Reiches, dessen Machtzentrale man natürlich in Rom vermuten würde. Übrigens kann man den Thronstuhl noch heute in Aachen besichtigen, ein schlichter Marmorsessel, ziemlich hart und eines der wenigen Möbel, auf dem man auch tausendzweihundert Jahre später noch Platz nehmen darf.

Doch Karls Herrschaft war nur ein Intermezzo. Alle Menschheitsjahrhunderte zuvor und die Zeit nach Napoleon hat sich das Land im Chor der anderen Europäer entwickelt. Erst mit Louis änderte sich das nachhaltig.

Wählen ab 16? König ab 16!

Zunächst übernahm Jules Mazarin die Regierungsgeschäfte für Louis XIV, was sicher besser war, so blieben den Franzosen ein Ich-will-meinen-Brei-nicht-essen-Krieg, ein Schokoladenkrieg und ein Dreiradkrieg erspart.

Ob man bei Louis' Übernahme der Amtsgeschäfte wohl «Teenager an die Macht» gesungen hat? Bei uns überlegt man heute, ob man mit 16 schon wählen dürfen soll. Louis wurde mit 16 Jahren Alleinherrscher.

Er galt als sportlich, schön und athletisch und fand sich selbst auch sportlich, schön und athletisch. Sofort setzte er den Adel unter Markendruck, er musste ganz bestimmte Kleidung von ganz bestimmten Schneidern tragen, nur das galt als hip und wurde goutiert.

Bald war Louis nur noch auf Feten zu erreichen. Wir kennen das von Klaus Wowereit: Ob Flughafen oder Stadtschloss, wo die Korken knallen, ist er dabei. Der Unterschied zu diesen Bauvorhaben: Das Schloss Versailles wurde vollendet. Wer etwas vom König wollte, musste eingeladen werden, sich auf Empfängen und bei Tänzen nach vorne drängeln, bei einem Witz des Despoten schallend lachen – aber nicht zu schallend, es galt, das richtige Maß zu finden. Auch ein Kompliment über seine schönen Beine konnte nie schaden, Louis ließ sich stets mit entblößten Waden malen. Achten Sie einmal darauf, es gibt kein Gemälde von ihm, auf dem seine Beine nicht in Szene gesetzt sind.

Hatte man sich endlich bis zu ihm durchgekämpft, spielte er Szenen aus Stücken nach, die Molière extra für ihn geschrieben hatte – also wieder klatschen, lachen und loben. Wunderbar!

Schon Nero ging seinen Untertanen entsetzlich auf den Keks, weil er sich für einen Schauspieler hielt. Überhaupt waren Herrscher, die sich eigentlich für Künstler hielten, stets die schlimmsten Despoten. Auch bei uns Deutschen lässt sich da ein Beispiel in der jüngeren Geschichte finden.

Der Kampf um Louis' Aufmerksamkeit nahm bisweilen groteske Züge an. Als er z.B. eine seiner Mätressen nicht mehr interessant fand, flößte diese ihm einen Zaubertrank ein, der wieder seine Begeisterung für sie wecken sollte. In ihm befanden sich Fledermausblut und getrocknete Maulwurfspfoten. Tatsächlich wurde Louis schwindelig in ihrer Gegenwart, nachdem er den Trank zu sich genommen hatte. War das das Zeichen für ein neues Aufflammen der Liebe? Nein, er musste sich nur übergeben.

Louis' Spitzname war bekanntlich «Sonnenkönig», und da sich alles um ihn drehte, passte er hervorragend. Obwohl er von zahlreichen schönen Frauen umgeben war, heiratete er eine spanische Prinzessin, um ein politisch wichtiges Bündnis zu schmieden. Dabei zählten Kriterien, die man auf neuzeitlichen Flirtportalen lange suchen muss. Singles heute können zwar in einer Suchmaske Haar- und Augenfarbe, Hobbys und natürlich das gewünschte Alter des gesuchten Partners eingeben. Features, die Alleinstehenden im Hochadel zu Zeiten von Louis XIV wichtig waren, suchte man jedoch vergebens, als da wären: vorhandene Ländereien, Immobilienbesitz im Allgemeinen und vor allem die Aussicht auf eine Thronfolge.

Sein Hang zu den Künsten, schönen Frauen und ausschweifenden Partys hinderten Louis nicht daran, ein knallharter Despot zu werden. Die Botschaft Luthers, das ganze Leben solle Buße sein, konnte für den verschwendungssüchtigen König nur als eines empfunden werden: als Provokation. Während in Deutschland die Reformation immer mehr Landesfürsten auf ihre Seite zog, unterdrückte Louis XIV diese schmucklose Protestantenbewegung mit aller Macht, diese für ihn nervigen Alternativchristen nannte man in Frankreich Hugenotten. «Une foi, une loi, un roi» lautet die Devise des Chefs: ein Glaube, ein Gesetz, ein König. Ein zweiter Glaube war verboten. Basta. Als Louis XIV alle zwangskatholisieren wollte, sämtliche protestantischen Kirchen niederbrennen ließ und die Auswanderung verbot, hauten die Hugenotten ab. Es waren viele, jeder zehnte Franzose wollte und konnte nicht mehr in seinem Land leben. Unter anderem meine Familie. Brandenburg war damals das Ziel, und auch heute noch findet man zahlreiche Schnoys in den dortigen Telefonbüchern. Warum gerade Brandenburg? Das Land hatte schon damals ein Problem, das sehr gegenwärtig erscheint: zu wenig Bevölkerung. Deshalb kam der Kurfürst in Potsdam auf die glorreiche Idee, die Hugenotten einzuladen, auf dass sie Wachstum und Kultur ins Land bringen. Doch wie alle Migranten waren sie zunächst sehr arm. Zudem hatte der Kurfürst nicht mit der berühmten Toleranz der Brandenburger gerechnet. Bald brannten die Unterkünfte, der Mob sah zu, die Feuerwehr wurde behindert: «Lasst die Franzosen doch brennen», wurde ihnen zugerufen.

Thierse gegen Croissants

Vielleicht zog es die meisten Hugenotten deshalb eher nach Berlin, wo sie bald ein Drittel der Bevölkerung stellten. Unter ihnen befanden sich so famose Leute wie die Fontanes, deren Sohn Theodor bald bereitwillig als guter Deutscher angesehen wurde.

Hätte Wolfgang Thierse damals schon in Berlin gewohnt, er hätte sich wahrscheinlich beschwert, diese unanpassungswilligen Neuberliner beim Bäcker anzutreffen, die keine Schrippen, sondern Croissants verlangten. Und über die Bäcker geschimpft, die diese auch noch anboten.

Die Hugenotten waren keine echten Berliner, und doch prägten sie die Stadt, denn im Gepäck hatten sie neben Bräuchen und kulinarischen Vorlieben auch viele Worte, die nach und nach eingedeutscht wurden, wie forsch (avec force), plärren (pleurer heißt weinen) oder auch etepetete (être peut-être). Den schrecklichen deutschen Ersatzkaffee, den man aufgrund von hohen Zöllen auf echte Kaffeebohnen in der Not aus Getreide und Zichorien machte, fanden die Neuberliner abscheulich und nannten ihn falschen Kaffee (mocca faux). Scheußlich fanden ihn auch die Altberliner und machten daraus Muckefuck.

Die schlaueren Hugenotten gingen nicht nach Brandenburg oder Berlin, sondern nach Holland, das ebenfalls die Tore für die Fliehenden öffnete und es verstand, sie schnell zu integrieren. Wer Fremde zu Freunden macht, ist bald in bester Gesellschaft.

Der Sonnenkönig war stinksauer darüber. In den Staub hatte er diese Leute gestoßen. Und nun kurbelten sie die Wirtschaft des Nachbarn an? Eine Unverschämtheit! Gleichzeitig schwächte der Verlust von zehn Prozent der Bevölkerung Frankreich. Aber so ist das nun mal: Wer ausgrenzt, ist bald allein. Es mag die gnadenlose Verfolgung der Protestanten aus dieser Zeit gewesen sein, die bis heute bewirkt, dass immer noch über die Hälfte der Franzosen katholisch sind und nur drei Prozent protestantisch. In Deutschland liegt das Verhältnis bei fast dreißig Prozent Katholiken und fast dreißig Prozent Protestanten.

Zunächst verstand sich Louis XIV vortrefflich darauf, Frankreich zur stärksten Wirtschaft Europas zu machen. Zwei zentrale Begriffe muss man sich dabei für diese Zeit merken: Absolutismus und Merkantilismus.

Louis' Macht war in der Tat absolut. Zwar hatten auch andere Könige zuvor keine Parlamente zugelassen, und auch nervige Oppositionen traten erst später auf. Aber Louis entmachtete darüber hinaus auch den restlichen Adel: Die Landesfürsten hatten unter ihm nichts zu melden, und so herrschte er das entscheidende Stück absoluter, das es für den Absolutismus braucht.

Auch heute gibt es noch absolutistische Herrscher wie den König von Saudi-Arabien, mit dem unser demokratisches Land ein Panzergeschäft nach dem anderen abschließt. Viele Menschen verurteilen Rüstungsexporte ganz. Es würde schon

einen Riesenunterschied machen, wenn wir uns darauf verpflichteten, nur noch in die Länder Rüstungsgüter zu liefern,
die eine demokratisch legitimierte Regierung haben. Doch das
nur nebenbei. Zurück zu Louis.

Das zweite wichtige Schlagwort ist der Merkantilismus:
eine Wirtschaftsform, mit der Frankreich in dieser Zeit groß
geworden ist. Man versuchte, die eigenen Waren in die ganze
Welt zu verkloppen, verhinderte aber mittels hoher Schutzzölle,
dass fremde ins eigene Land kamen.

Am einfachsten funktioniert dieses Prinzip, wenn man
etwas herstellt, um das sich die Welt reißt. Und das gelang
Louis XIV bravourös. Alles, was an Möbeln und Kleidung aus
Frankreich kam, musste man haben, ob man nun in Russland,
Österreich oder Preußen ein Schloss ausstatten wollte.

Diese Abschottungspolitik ist selbst noch bis zur Gründung
der Europäischen Gemeinschaft angesagt. So konnte Kurt
Tucholsky in seinem Gedicht «Europa» 1932 wunderbar lästern:

Am Rhein, da wächst ein süffiger Wein –
der darf aber nicht nach England hinein –
Buy British!

In Wien gibt es herrliche Torten und Kuchen,
die haben in Schweden nichts zu suchen –
Köp svenska varor!

In Italien verfaulen die Apfelsinen –
lasst die deutsche Landwirtschaft verdienen!
Deutsche, kauft deutsche Zitronen!

Und auf jedem Quadratkilometer Raum
träumt einer seinen völkischen Traum,
Und leise flüstert der Wind durch die Bäume …
Räume sind Schäume.

Als Louis XIV 1715 stirbt, war er zweiundsiebzig Jahre an der Macht, das könnte höchstens noch Queen Elizabeth II in Großbritannien schaffen. Auch Kolonien konnte sich der selbstbewusste Sonnenkönig einverleiben. Wenn man heute im Süden der USA in Louisiana weilt und sich auf den Spuren der Amerikaner wähnt, ist man doch eigentlich auf den Spuren der Franzosen unterwegs, denn wie Kanada gehörte auch diese Ecke zu den Kolonien Frankreichs und ist zu Louis' Ehren nach ihm getauft worden.

Am Ende soll Louis fürchterlich gestunken haben, nicht nur wegen der Unart, nicht zu duschen, sondern auch, weil ihn seine Leibärzte überredet hatten, sich sämtliche Zähne ziehen zu lassen, angeblich mit dem Argument, Zähne seien Infektionsherde. Nach der schmerzhaften Operation konnte er nicht mehr kauen und deshalb nicht verdauen. Er furzte und rülpste, seine Kleidung war von Speisen und Getränken besudelt. Schließlich starb er, der immer so stolz auf seine schönen Beine gewesen war, an einer Entzündung am Bein.

Empört euch!

So wie in Preußen viele Könige Friedrich hießen, blieb man in Frankreich gerne bei Louis, das nützte dem sechzehnten und letzten Louis nichts mehr, er wurde, wie wir ja bereits im letzten Kapitel erfahren haben, 1793 geköpft.

Im Vorfeld seines martialischen Endes hatte sich die größte und spektakulärste Revolution überhaupt ereignet, deren Datum jedes Schulkind auswendig lernen muss: 1789. Hätte dieser Louis das gute alte Wohlstandsprogramm von Heinrich IV. beherzigt, das jedem Bauern einmal pro Woche ein Huhn im Kochtopf versprach, wäre sicher nichts passiert. Doch in Paris brach die Versorgungslage zusammen, und wenn die Franzosen eines können, dann ist es, sich zu empören. Und zu Recht: Vor der Französischen Revolution verfügten zwei Prozent der Bevölkerung über fünfundsiebzig Prozent des Grundbesitzes. Heute verfügen in Deutschland allein die zehn reichsten Personen über mehr Vermögen als die ärmsten fünfzig Prozent der Gesamtbevölkerung. Aber das Empören fällt uns schwer.

Die Franzosen haben indes sofort Nägel mit Köpfen gemacht. Hätten sie mit ihrer Revolution noch etwas gewartet, hätte ihnen Oscar Wilde zurufen können: «Die Revolution ist die erfolgreiche Anstrengung, eine schlechte Regierung loszuwerden und eine schlechtere einzurichten.» So mussten sie selbst die Erfahrung machen. Dabei begann alles so verheißungsvoll. Die Philosophen Rousseau und Montesquieu schufen ein neues, in sich stimmiges Weltbild, innerhalb dessen alle Menschen als gleich angesehen wurden und die gleichen Rechte hatten. Die Gewalten sollten geteilt werden und sich gegenseitig kontrollieren. Das klang verlockend.

Nach dem Sturz Louis' kam jedoch der Philosoph und Politiker Robespierre mit seinen Jakobinern an die Macht: Das neue Terrorregime in Frankreich gab sich den Namen «Wohlfahrtsausschuss», ein perfider Name, der in seiner inversen Bedeutung aus der Feder George Orwells hätte kommen können. Denn bei ihm ging es nicht um die Verteilung von Sozialleistungen, sondern um die Beseitigung aller, die der Revolution im Weg standen. Die Revolution hat immer wieder ihre Kinder gefressen, als wäre es ein Naturgesetz. Trotzdem probieren es die Menschen immer aufs Neue.

Vielleicht ahnte Karl Marx, als er an der Reihe war, dass seine Schriften den nächsten Aufstand auslösen könnten, und warnte schon mal vor: «Revolutionen haben bisher nur eines bewiesen, nämlich, dass sich vieles ändern lässt, bloß nicht die Menschen.»

Von Erhabenheit zu Peinlichkeit

«Keiner meiner Leibwächter darf größer sein als 1,65.» Das verfügte nicht etwa Napoleon, der auch die Mittel gehabt hätte, eine Berichterstattung über diese im wahrsten Sinne des Wortes kleinliche Art zu verhindern, sondern der französische Präsident Nicolas Sarkozy. Er sah sich daraufhin, dank freier Presse, einiger Häme ausgesetzt. Nun sind kleine Leibwächter ebenso schwer zu finden wie kleine Basketballspieler, aber das war dem Präsidenten egal, sein Programm lautete: Ich! Ich! Ich!

Das hatte er mit Napoleon gemein, einem Militärstrategen, der sich während verschiedener französischer Feldzüge bewiesen hatte und schließlich 1799 durch einen Staatsstreich an die Macht gekommen war. Die Franzosen fielen ihm nach dem Chaos der Revolution geradezu in die Arme, nur endlich wieder Sicherheit!

Als er sich schließlich selbst die Kaiserkrone aufsetzte,

überließ er nichts dem Zufall. Die Idee, die Zeremonie im Freien durchzuführen, verwarf er sofort. Was, wenn es regnete? Von Erhabenheit zu Peinlichkeit ist es nur ein kleiner Schritt, befand er. Zuletzt bewahrheitete sich dies beim sechzigjährigen Thronjubiläum der britischen Königin, die über endlose Stunden in strömendem Regen stattfand. Ihr Mann Prinz Philip musste im Anschluss, unter Anteilnahme einer breiten Öffentlichkeit, eine Blasenentzündung auskurieren.

Zum Glück war Napoleon einer jener Despoten, die gleichsam zur Entwicklung der Gesellschaft beitrugen. Im *Code civil* wurden Freiheit, die Gleichheit vor dem Gesetz – also alte Forderungen der Revolutionäre – sowie die Aufhebung des Zunftzwangs garantiert. Das haben wir Deutschen nicht mal mit der Demokratie geschafft: Wer bei uns z.B. Arzt wird, muss Mitglied der einzig existenten Ärztekammer werden, ob er will oder nicht. Außerdem reformierte Napoleon die Verwaltung.

Außenpolitisch gesehen waren Napoleons Ambitionen riesig: Mit seinen Feldzügen eignete er sich die Herrschaft über große Gebiete Europas an. Dass er dabei u.a. einen Haufen deutscher Kleinstaaten niederwalzte, wird ihm heute als Beitrag zur deutschen Einigung angerechnet.

Wie bei so vielen anderen vor ihm und vielen nach ihm folgte auch für ihn auf Feldherrenglück die Wende: Beim Versuch, Russland zu erobern und zu Fuß nach Moskau zu gehen, musste er bald feststellen, dass die Stadt verdammt weit weg war, und noch schlimmer: Als er dort ankam, war niemand da. Die Russen hatten sich zurückgezogen und hofften auf die Ankunft eines Verbündeten mit übermenschlichen Kräften.

Moskau, unbekannt verzogen

Ihre Hoffnung wurde nicht enttäuscht, Napoleon wurde von ihm überrascht, als er Moskau 1812 gerade den Rücken zukehrte: dem Winter. «Setz eine Mütze auf, draußen ist es kalt», sagen Mütter zu ihren Kindern, seit es Menschen gibt.

Zwar hatte auch Napoleon eine, aber seine Armee war ansonsten nicht auf Winter eingestellt, schon gar nicht auf den russischen. Erschwerend kam hinzu, dass die Russen bei ihrem Rückzug sämtliche Nahrungsmittel und die Ernte auf den Feldern vernichtet hatten. Durch die mangelnde Versorgung und die Kälte geschwächt, konnten Napoleons Truppen die folgenden Schlachten nicht mehr gewinnen, und so leitet der Russlandfeldzug Napoleons Niedergang ein.

Erstaunlicherweise machten sich die Deutschen unter dem Kommando des nächsten unbelehrbaren Despoten 1941 wieder auf den Weg nach Moskau, wieder in Sommerklamotten. Mit dabei der ehemalige Bundespräsident Richard von Weizsäcker als Offizier, der sich in seinen Memoiren an die Meldung der Heeresleitung erinnert, in der es hieß: «Im Dezember hat uns der Winter überrascht.»

Als ich im letzten Winter in der Bahn festsaß, weil die Bahnverantwortlichen nicht mit Kälte gerechnet hatten, fragte ich mich wirklich, ob eigentlich irgendjemand aus der Geschichte lernt. Die Bahn sollte einen Historiker einstellen, der sie im Sommer daran erinnert, dass es in der Weltgeschichte von jeher Winter gegeben hat, und vor allem, dass sich Geschichte wiederholt! Aber jetzt habe ich schon wieder viel zu viel über Krieg gesprochen.

Unseriöse Historiker behaupten immer wieder, Napoleon

habe manchen Feldzug nur begonnen, um sich vor der Hausarbeit zu drücken. Als er mit der schönen Josephine zusammen war, tanzte sie ihm auf der Nase herum. Zwar hinterließ er diese machohafte Äußerung über Frauen: «Wir Europäer [...] haben die Frauen zu gut behandelt und damit alles verdorben. Wir waren so töricht, sie uns beinahe gleichzustellen. Die Orientalen haben mehr Geist und sind gerechter; sie haben die Frau zum ausschließlichen Eigentum des Mannes erklärt, und in der Tat hat die Natur sie zu unseren Sklavinnen gemacht. Nur infolge unserer Verschrobenheit konnten sie den Anspruch erheben, unsere Herrinnen zu sein.»

Aber in Wirklichkeit hatte Napoleon nicht immer die Hosen an. Sicher, unter Männern schon. Und im Alltag außer Haus sowieso: Als ihn einmal ein kleiner Dackel anbellte, so berichtete man sich, und daraufhin sein Pferd scheute, schoss er wild um sich, traf aber nicht den Dackel. Man muss ja klarmachen, wer hier das Sagen hat.

Aber daheim? Die Natur hat die Frauen vielleicht filigraner konstruiert als Männer (Ausnahmen auf beiden Seiten bestätigen wie immer die Regel). Dafür verstehen sie sich aber bestens darauf, das Gleichgewicht wiederherzustellen, indem sie die Männer moralisch niedermachen. So war es, den Quellen nach zu urteilen, auch bei Napoleon: Er konnte noch so viele Länder unterwerfen, ganz Europa zitterte vor ihm, doch zu Hause stand er unter der Fuchtel seiner Josephine: «Gut, du hast Österreich unterworfen und Deutschland, aber deine Füße riechen.» – «Kannst du endlich mal deinen Schreibtisch aufräumen? Überall liegen Sachen von dir rum!» Kein Wunder also, dass Napoleon gerne vor derlei Tiraden flüchtete. Auf Raubzügen kann man sich für gewöhnlich hervorragend vorm

Abwasch drücken. Nach dem Essen zündet man einfach das Haus an und zieht weiter.

Napoleons Ende war unrühmlich: Man verbannte ihn auf die Insel St. Helena. Die neuen Machthaber wollten sicher sein, dass der hartnäckige Franzose nicht noch mal ins politische Geschehen eingriff. Bei den Versuchen der Deutschen, sich von den französischen Besatzern zu befreien, entstand etwas sehr Verheerendes, die deutsch-französische – heute ergänzt man danach zum Glück automatisch das Wort Freundschaft, aber damals wurde es die – Feindschaft. Sie hielt sich lange und hartnäckig und hallt heute, trotz des «Freunde für immer!»-Schwurs manchmal noch nach.

Wenn ich mit meiner Freundin Valerie in Paris auf einer Party bin und sie mich mit den Worten vorstellt: «Bon soir. C'est mon ami, Sebastian. Il est allemand», schaue ich selbst heute in skeptische Gesichter. Oft werde ich dann gefragt: Wo war dein Opa damals im Zweiten Weltkrieg?

Das ist so ein Moment, in dem ich denke, es ist gut, dass ich mal Geschichte studiert habe. Ich antworte dann immer: «Mein Opa? Oh, der war schon damals für ein Europa ohne Grenzen im Einsatz.»

Das war Napoleon in gewisser Weise auch.

Was wir den Franzosen zu verdanken haben

Frankreich!
Paul Bocuse
Crème brûlée
Liberté – Freiheit
Cuisses de Grenouille
Debussy
TGV
Citroën DS
Ziemlich beste Freunde
Verleihnix und Majestix
Jean Reno als «Léon, der Profi»
Die Concorde
Édith Piaf
Die Tour de France
R4
Paris, Paris, Paris
Lino Ventura
Schloss Versailles
Die Gewaltenteilung
Meinen Lieblingsfilm: Die Ohrfeige
Den Code civil (Zivilrecht)
Jacques Brel
Citroën CV – Die Ente
Fraternité – Brüderlichkeit
Charles Aznavour
Voltaire
Chanel No. 5
Montesquieu
Champagner
Louis de Funès
Égalité – Gleichheit
Sartre & Beauvoir

IN EINER GASTROLLE IM EUROPASTÜCK: DIE BRITEN

Wenn Sachsen angeln

Engländer sind das diplomatischste Volk der Welt.
Wer sonst würde einem mit so freundlichem Lächeln
so einen Kaffee vorsetzen?
BOB HOPE

Diese Zeilen schreibe ich vor der britischen Küste auf dem Weg nach Edinburgh. Europa hätte einst englisch werden können, doch inzwischen wird England europäisch; nirgendwo sieht man das besser als an Bord eines der berühmten *Cunard*-Schiffe: *Queen Mary, Queen Victoria* oder hier auf der *Queen Elizabeth*. Sie sind der Stolz Großbritanniens, doch offensichtlich gibt es im eigenen Land keine Werft mehr, die in der Lage ist, ein großes Kreuzfahrtschiff zu bauen. Deshalb wurden alle drei in einem Land gefertigt, das einem für gewöhnlich nicht als erstes in den Kopf kommt, wenn man an konkurrenzfähige, hervorragende Werften denkt: Italien. Als die italienischen Ingenieure und Schweißer ihr Meisterwerk fast vollendet hatten und nur noch ihre unvergleichlich guten Kaffeemaschinen einbauen wollten, riefen die Briten jedoch «Stop!» und übernahmen das Kommando. Deshalb gibt es an Bord – wie sage ich es am höflichsten – sehr guten Tee! Darin sind die Briten

unschlagbar, sie bereiten sogar einen Tee in der Geschmacks-
richtung «Kaffee». Ich muss mich etwas zügeln. Nach meinen
Beschreibungen des Bordlebens auf der *MS Europa* in meinem
Buch «Smørrebrød in Napoli» wurde ich für weitere Lesungen
an Bord gesperrt. Deshalb möchte ich es mir mit *Cunard* nicht
auch noch verscherzen. Ich will also nur Gutes berichten. Englischer Kaffee hat einen tollen Vorteil: Ich kenne daheim viele
Leute, die ab dem späten Nachmittag keinen Kaffee mehr
trinken, da sie sonst nicht mehr einschlafen können. Da ist
englischer Kaffee wirklich besser, man kann direkt vor dem
Zubettgehen einen großen Becher genießen und trotzdem
sofort danach einschlummern.

Cunard kann auf die weltweit höchste Passagiersicherheit
seit 1913 verweisen, das ist äußerst respektabel. Warum auch
mit der Statistik ein Jahr früher einsetzen, wenn einem das
Schicksal der *Titanic* die Zahlen verhageln würde?

Als wir in Queensferry bei Cork im Süden Irlands ankamen,
machten wir genau an dem Kai fest, an dem 1912 auch die *Titanic*
lag – genau an jener Kante, an der das Schiff damals Menschen
mit ihren Träumen von einem besseren Leben in den USA in
seinen stählernen Laib aufgenommen hatte, bevor es zu seiner
letzten Fahrt ohne Ankunft aufgebrochen war.

Die Trauminsel

Die Briten rühmen sich gerne, niemals auf der eigenen Insel
besiegt worden zu sein. In der Tat traute sich weder Hitler noch
davor Napoleon, den Boden der Insel zu betreten. Aber wir
haben in diesem Buch ganz andere Zeiträume im Blick, und

da kippt die selbstbewusste Behauptung der Briten: Die alten Römer hatten seinerzeit alles Britische bis zur schottischen Grenze unterworfen, die Wikinger waren da, Normannen und selbst die Angeln und Sachsen aus Deutschland, von denen England Sprache und Name bekommen hat. Die heutigen Briten sind allesamt Nachfahren irgendwelcher Invasoren und Migranten, die echten Ureinwohner verschwunden, genetisch aufgelöst im Cocktail all der Zugereisten. Streng genommen kann es schon deshalb weder einen «Urengländer» noch «echte» Deutsche, Indianer oder sonstige Originale geben.

Die allerersten Menschen meldeten ihren Wohnsitz auf dem afrikanischen Kontinent an, lebten am oberen Niltal, in Äthiopien oder in Südafrika – die Angaben schwanken, je nachdem, wo aktuell das «älteste Skelett aller Zeiten» ausgebuddelt worden ist.

Es ist kein Wunder, dass die Menschheit gerade in diesen Landstrichen ausgebrütet wurde. Das Klima ist angenehm warm, die Vegetation fruchtbar. Es genügte schon, wenn der liebe Gott den Kompost in die Sonne stellte, um am nächsten Morgen neue Geschöpfe begrüßen zu können. Und eines davon waren eben wir. Die Überbleibsel unserer Ur-ur-ur-ur-Opas sind in der Nähe einer Wasserstelle gefunden worden. Wahrscheinlich chillte der erste Mensch mangels anderer Menschen, mit denen er reden konnte, am Ufer und nickte ein. Deshalb bemerkte er auch nicht die herannahende Elefantenherde, die ihn so tief in den Schlamm drückte, dass man seine Überreste erst vor kurzem wiederfand.

Mobilität und Flexibilität wurde in der Menschheitsgeschichte von Anfang an großgeschrieben. Schon die Kinder der ersten Menschen zogen früh von zu Hause aus und in die

Ferne. Es bleibt allerdings eines der großen Geheimnisse der Weltgeschichte, warum einige dieser Wandernden, nachdem sie schon den Nil, Griechenland und Italien gesehen hatten, freiwillig bis ins kalte England hochgewandert sind.

Aber welchen Grund sie auch immer gehabt haben mögen: Wie sind sie trockenen Fußes über das Meer gekommen? Schließlich hat der Eurotunnel erst 1994 seine Pforten geöffnet. Sind die ersten Menschen mit dem Schiff nach England gereist?

Gegen diese Vermutung spricht, dass die Briten dann nach der Landung alle Bootsbaukunst sofort hätten vergessen müssen, denn zu diesem Zeitpunkt der ersten Besiedlung und auch für Ewigkeiten danach haben sie keine Boote gebaut. Sie sind lange ebenso wenig wegen ihrer Intelligenz und Innovationskraft aufgefallen wie wir Germanen. Nein, Schiff konnten sie nicht. Das konnten nur die anderen. Normannen, Wikinger, einfach alle, die die Insel ausplünderten.

Und wer hat's erfunden? Nein, in diesem Fall mal nicht die Schweizer, sondern die Sumerer. Bei ihnen fand man nicht nur jahrtausendalte Schiffe, sondern sogar Frachtpapiere, die auf den geschäftsmäßigen Betrieb der Schiffe hinwiesen. Dank Keilschrift in Tonplatten sind diese Reedereiunterlagen bis heute erhalten. Eine gute Sache, falls doch noch mal eine Steuerprüfung ansteht. Frachtpapiere, so etwas hatten die Wikinger auf ihren Langbooten nie. Und die Briten weder das eine noch das andere. Aber wie sind sie dann auf die Insel gelangt? Schwimmend?

Zu Fuß von Frankreich nach England

Die Antwort ist verblüffend: Bis vor siebentausend Jahren konnte man noch einfach von Frankreich bis zur Themse zu Fuß gehen, Britannien war mit dem Festland fest verbunden, sozusagen selbst Festland, nur eine Halbinsel, über deren Landanbindung die allerersten urzeitlichen Einwanderer gekommen sind. Als sie merkten, dass die neue Scholle sehr kalt, sehr feucht und sehr zugig war, war es zu spät zum Umkehren.

Am Ende der Eiszeit stieg der Meeresspiegel, und England wurde das, was es bis heute ist: eine Insel. Weglaufen war ausgeschlossen, es sei denn, man wurde von den vielen Invasoren, die sich die Türklinke in die Hand gaben, mit dem Schiff als Beute mitgenommen. Aber was schreibe ich, bis zur Türklinke war es noch lange hin, selbst auf Fenster, durch die es nicht zieht, warten die Briten ja bis heute.

Der Rest der Inselbewohner blieb im frühzeitlichem Alcatraz, und das raue Klima führte zu ausgesprochen rauen Umgangsformen.

Ein paar Steine

Stellen wir uns vor, in Italien gäbe es keine antiken Stätten der Einheimischen, die Besucher aus aller Welt anzögen, sondern nur die Spuren, die Touristen dort hinterlassen haben. Man fände nach einigen Jahren nichts mehr, Müll vergeht, vielleicht überlebte eine Coladose, aber selbst die *Etap*-Hotels für Touristen würden schneller wieder im Boden versinken, als sie aufgebaut worden sind.

Auf der Britischen Insel war es genau andersherum: Die Touristen errichteten die Bauwerke, die noch heute Besucher anlocken, und die Einheimischen bekamen nichts auf die Reihe. Bei *Stonehenge*, dem großen Steinkreis mit vier Tonnen schweren Quadern, die irgendwie auf andere Quader gelegt worden sind, fragt man sich bis heute, wer es war. Zwischenzeitlich hieß es gar, Germanen hätten diese Kultstätte errichtet – was für eine Schmach für britische Nationalhistoriker! Eine der wichtigsten identitätsstiftenden Stätten, womöglich gebaut von Fremden, noch schlimmer: von Deutschen! Fremde waren es aber auf jeden Fall. Bis heute weiß man wenig über die Funktion dieses monumentalen Kreises im Südwesten Englands. Wurde *Stonehenge* für einen Sonnenkult errichtet? Oder um astronomische Untersuchungen über den Lauf von Sonne und Gestirnen anzustellen? Eine eher absurde Vermutung, wo doch in England die Sonne nie rauskommt. Und wenn doch, muss es ausgesprochen frustrierend für die Astronomen gewesen sein, darauf zu warten, dass sich die immer wieder von neuem auftauchenden Wolken verziehen.

Bis heute fasziniert uns an England die Mischung aus gutem Stil und stillosem Rowdytum. Ich wurde noch im letzten Sommer Zeuge der berühmten Schlange, die sich angeblich formvollendet an britischen Bushaltestellen bilden soll. Damals wollte ich am Rande von Birmingham den Bus in die Innenstadt besteigen, war mir aber nicht sicher, ob dieser auch dorthin fuhr.

Zwar warteten die Briten hier wie bei uns als loser Haufen am Bordstein, doch nachdem ich in den Bus eingestiegen war und vor dem Fahrer anhielt, um ihn zu fragen, ob er auch mein

Ziel ansteuere, und sich nach einer etwas umständlichen Konversation herausstellte, dass dies nicht der Fall war und wieder aussteigen musste, bemerkte ich, dass keiner der anderen Wartenden an mir vorbeigegangen war. Sie hatten alle geduldig mein Gespräch mit dem Fahrer abgewartet, obwohl es genug Platz gegeben hätte, mich zu überholen und die meisten sicher im Besitz von Monats- oder sonstigen Zeitkarten waren.

Dieser Stil, die Höflichkeit an sich ist uns verlustig gegangen. Wer im deutschen Speisewagen einen Kaffee mit den Worten bestellt: «Verzeihung bitte, ich hätte gerne einen Kaffee», wird beim Personal sicher als der höflichste Gast des Monats in Erinnerung bleiben. Probieren Sie es einfach mal aus.

Auf meinen Reisen werde ich oft Zeuge der typisch deutschen Bestellung. Nur der Kellner bewahrt die Etikette, wenn er fragt: «Guten Tag, darf's was zu trinken sein?» Die Antwort lautet meist: «Kaffee.» – «Milch und Zucker dazu?» – «Ja.» Und schon wird wieder missmutig aus dem Fenster geschaut. Kein Bitte, kein Danke. Später nur: «Zahlen!»

Die Formel «Wenn's recht ist» hat sich noch in Österreich und in Frankreich erhalten. Das dortige «s'il vous plaît» wird bei uns einfach mit «Bitte» übersetzt, aber es bedeutet im Wortlaut «Wenn es Ihnen gefällt».

Briten grüßen einen selbst an Orten, an denen man es nicht erwarten würde, u.a. wenn sie in einen Pool steigen. Auch wenn man sich im Zug neben jemanden setzt, sagt man hallo zu seinem Sitznachbarn. Im germanischen Großraumwagen dagegen ist es nichts Besonderes, wenn sich ein Hüne grußlos neben einen fläzt, in der Hand einen Döner. Ist der unter lautem Schmatzen verschlungen, werden auch schon mal Schuhe und Socken ausgezogen. Der Überraschungseffekt ist immer auf der

Seite des Barbaren. Bis heute verwechseln Deutsche übrigens gerne Ursprünglichkeit mit Barbarei.

Stil ist in England stets auch eine Frage der Kleidung. So ist der Dresscode für alle, die im Büro arbeiten, in London z. B., viel strenger als bei uns. Kein Wunder also, dass die Straßen werktags von Schlips- und Anzugträgern nur so bevölkert werden. Auffällig dabei: Im Gegensatz zu uns kennen die Briten keine «lustigen» Krawatten. Dafür stürzen dieselben korrekten Businessleute direkt nach Feierabend im nächstbesten Pub ab – immerhin sind sie dann gut angezogen, wenn sie auf allen vieren nach Hause krabbeln.

Würde ein deutscher Chef mit seinen Leuten jeden Tag nach Büroschluss saufen gehen und seine Kollegen unter den Tisch trinken, wäre das seiner Autorität in jedem Fall abträglich. In Großbritannien wird es ihm als Führungsstärke angerechnet.

Dabei haben die Briten durchaus auch Barbaren unter sich, und im Gegensatz zu ihnen wirkt selbst der gröbste Germane geradezu gut erzogen: die englischen Hooligans. Als wenn das Stilbewusstsein einer Kehrseite, eines Ausgleichs bedarf. Am besten, man lernt auf Reisen beide Seiten kennen, um die Engländer besser zu verstehen – ohne dabei Schaden zu nehmen, natürlich.

Blind Date & Photoshop

Auch wenn die Briten in der europäischen Geschichtsliga lange auf den hinteren Plätzen spielten, überflügelten sie später alle anderen, gründeten das größte Kolonialreich der Erde, mit einer hochentwickelten Insel in der Mitte voller Fabriken, den meisten Eisenbahnlinien, den meisten Telefonapparaten. Aber bis dahin muss man lange suchen, um Innovationen zu finden.

Entsprechend überrascht war ich, dass man schon im englischen Mittelalter das Blind Date kannte. So unterzeichnete der englische König Heinrich VIII. einen Ehevertrag mit Anna von Kleve, ohne sie je zuvor gesehen zu haben. Ihm wurde lediglich ein Bild von ihr gezeigt, ein Gemälde, das der Maler Hans Holbein angefertigt hatte. Was Heinrich nicht wusste: Holbein bediente sich damals schon der Bildbearbeitung, viele Jahrhunderte bevor Photoshop das für uns übernahm.

Er retuschierte all ihre Makel und reizte ihre Reize derart aus, dass Heinrich VIII. sich allein aufgrund des Bildes Hals über Kopf in Anna verliebte. Unverzüglich unterschrieb er den Ehevertrag. Er verhielt sich also im Grunde genommen nicht anders als diejenigen, die heute denken, dass die beim Online-Dating-Portal eingestellten tollen Fotos irgendetwas mit den echten Menschen zu tun haben.

Bei ihrem ersten Date fiel Heinrich natürlich aus allen Wolken. Angeblich war Anna nicht so schön, wie er gehofft hatte. Was tun? Die Ehe war ja schon geschlossen. Kein Problem, wurde sie halt wieder annulliert, mit der Begründung, dass ja noch nichts gelaufen und die Ehe somit auch noch nicht vollzogen worden sei. Es war auch nicht Heinrichs erste Scheidung. Sein Frauenverschleiß ist sagenumwoben. Allein sechs Ehefrauen hatte er – da kommen nicht mal Gegenwartspolitiker ran.

Wichtigster Auftrag einer Königin: ihrem Mann einen Thronfolger zu gebären. Mit Katharina von Aragon, seiner ersten Frau, setzte Heinrich allerdings nur eine putzmuntere Tochter in die Welt, Mary. Heinrich bekam daraufhin Thronfolgerpanik und wollte sich scheiden lassen, aber der Papst verweigerte seine Zustimmung. Und was macht man da als König? Kurzerhand das gesamte Land aus der Kirche austreten lassen und eine eigene gründen: die anglikanische. Ist ja nicht so, dass man als König keine Macht hat. Schon einmal hatte Heinrich der Überlieferung nach einen ganzen Berg abtragen lassen, da er bei einem Treffen mit einem anderen Herrscher nicht zu diesem hinaufschauen wollte.

Seine zweite Frau, Anne Boleyn, schenkte ihm wieder nur ein Mädchen, eine kleine Elisabeth – was für eine Ungezogenheit! Hatte er sich nicht einen Sohn gewünscht? Wieso wollte das partout nicht klappen? Die nächste Frau musste her. Um die Ehe mit Anne besser annullieren zu können, warf Heinrich ihr fünffaches Fremdgehen vor und ließ sie kurzerhand köpfen.

Die dritte Frau, Jane Seymour, brachte dann endlich einen Eduard auf die Welt, und Heinrich war happy; dann starb die Mutter, und er wurde alleinerziehender Vater. Ein für das Mittelalter moderner Zustand.

Die vierte Ehe mit Anna von Kleve scheiterte wie schon gesagt daran, dass er sie einfach nicht schön fand, reden konnte er mit ihr, aber das reichte ja nicht. Dabei war auch Heinrich alles andere als schön: mit fortschreitendem Alter verfettet, cholerisch, stinkend, ein Hooligan auf dem Thron, dessen gesammelte Bluttaten ich hier höflich übergehe.

Nachdem Heinrich schon seine treue zweite Frau wegen erfundenen fünffachen Fremdgehens ermorden ließ, muss ihm dies bei seiner fünften Frau Catherine Howard noch leichter gefallen sein, denn sie nahm sich die Freiheit tatsächlich, ihren unausstehlichen Gemahl mit einem gepflegten Kammerdiener zu betrügen. Erst Heinrichs sechste Frau, Catherine Parr, überlebt ihren Mann.

Pflegestufe III

Wie ihr das gelang? Sie hat ihn gepflegt. Frauen wünschen sich ja oft einen gepflegten Mann – am Ende landet man dann bei Pflegestufe III, vielleicht war es bei Heinrich VIII. auch schon Pflegestufe VIII. Angesichts dieser Soap Opera aus dem Mittelalter ist es eigentlich schade, dass damals die britische Bildzeitung *The Sun* noch nicht erschien, nach einer solchen Story hätten sich die Boulevardjournalisten sicherlich die Finger geleckt.

Um den Überblick über Heinrichs Eskapaden zu behalten, kann man sich der Eselsbrücke bedienen, die englische Kinder für den Geschichtsunterricht lernen: «Geköpft» heißt auf Englisch «beheaded», und so zählen die Kinder ab: «Divorced, beheaded, died – divorced, beheaded, survived!» (Geschieden, geköpft, gestorben – geschieden, geköpft, überlebt).

Übrigens werden die beiden von Heinrich als nutzlos angesehenen Töchter nach ihrem Bruder Eduard ebenfalls langjährige britische Königinnen. So mag es die Natur: Die Ungeplanten und Unterschätzten machen oft von sich reden. Das gilt für Elisabeth ebenso wie für ganz England, denn unter ihrer Herrschaft schafften es die verschrobenen Inselbewohner, zu dem zu werden, was wir bis heute mit einem anerkennenden Raunen kommentieren: eine Weltmacht.

Für die dafür nötige Flotte wurden sämtliche Bäume der Insel gefällt. Außerdem gelang den Briten schon im Jahr 1689 etwas, was sich die Ostdeutschen dreihundert Jahre später erneut erkämpfen müssen: die *Bill of Rights* einzuführen, einen Grundrechtekatalog, der ein freies Parlament vorsieht, das sich endlich gegen die bis dahin allmächtige Obrigkeit durchsetzt. Auch die Franzosen brauchten dafür noch mal hundert Jahre, wir braven Deutschen waren noch langsamer und installierten das erste echte Parlament erst über zweihundert Jahre später (1918).

Was die Jahreszahlen betrifft, machen wir hier mal eine Ausnahme, denn mit '89 liegen Sie immer richtig, egal, in welchem Jahrhundert. '89 ist immer etwas Dramatisches passiert: 1789 zettelten die Franzosen ihre Revolution an, außerdem entdeckte Alexander Mackenzie den Mackenzie-River in Kanada. Was für ein Zufall. Ist eben praktisch, wenn noch kein Tourist vor einem da war, dann wird jeder Berg und Fluss nach einem benannt. Das würde sich heute allerdings etwas schwierig gestalten, es sei denn, man entdeckt einen 6000er Gipfel in Mecklenburg-Vorpommern. Bleibt 1889, hm – der Eiffelturm wird eröffnet. Reicht das für die Party?

1989 wird dann die Stieleiche in Deutschland «Baum des Jahres», der Rest ist bekannt. Ich wette, Sie sind der einzige Gast, der auf einer Party beim Thema 1989 mit der Stieleiche auftrumpfen kann. Der gute Baum ist dann übrigens depressiv geworden. Erst hat man ihn heißgemacht: «Das wird dein Jahr! Alles wird sich nur um dich drehen!», und dann haben ihm die Ostdeutschen die Show gestohlen.

Oh, beinahe hätte ich etwas Wichtiges vergessen: 1789 ist noch etwas passiert. Die englischen *Bill of Rights* von 1689 kommen in diesem Jahr als Bumerang aus Amerika zurück. Parlament mit Rechten? Okay, daran hatten sich die Briten bis zu diesem Zeitpunkt gewöhnt, aber doch nicht für die eigenen Kolonien!

Da es in diesem Buch darum geht, wer *Europa* nachhaltig geprägt hat, können uns die Briten mit ihrem Weltreich nicht beeindrucken. Nordamerika, Indien, große Teile Afrikas,

Australien und ein Riesensack voller Inseln, ja, das war wirklich ein Weltreich. Aber im Gegensatz zu den Griechen, Römern, Franzosen gab es zu keinem Zeitpunkt ein britisches Reich, das den Kontinent unterworfen hätte. Dabei haben das sogar die verdammten Deutschen einmal geschafft. Immerhin, dafür gebührt den Briten dann wiederum viel Respekt, dass sie dieses unheilvolle Hitler-Europa, wenn auch im Verbund mit anderen, beendet haben: Noch bevor die Amerikaner ins Boot auf dem Kanal stiegen und die Russen von der anderen Seite Paroli boten, gab es eine Zeit, in der Großbritannien ganz allein, als einzige freie Demokratie und im Gegensatz zu Frankreich als unbesiegte Nation auf den Tisch schlug und sich wehrte.

Das Hobbes-Locke-Team klärt auf

Einzelne Briten haben Europa indes extrem geprägt. Die beiden Philosophen Thomas Hobbes und John Locke klärten uns über manchen modernen Gedanken auf und verdienen deshalb die Ehrenmitgliedschaft im Club der Aufklärer. Eine ihrer Ideen: Zwischen Regierung und Bevölkerung muss ein Vertrag abgeschlossen werden, und wenn ein Ego-König den Vertrag nicht einhält, muss er weg. Dieser Geistesblitz brachte Schwung in alle Deals zwischen Herrschern und Beherrschten und schwirrte bald in den verschiedensten Variationen in allen modernen Verfassungen herum. Auch in den USA, wo zuletzt Clint Eastwood eine Übersetzung dieser Vertragsidee in unserer heutigen Sprache lieferte: Politiker sind bloß unsere Angestellten. Wenn sie ihren Job nicht ordentlich machen, müssen wir sie feuern!

Darüber hinaus war Locke der Ansicht, dass Teilen eine gute Sache ist, vor allem wenn es die staatliche Gewalt betrifft. Nicht zuletzt ihm und seinen Aufklärer-Kollegen ist es zu verdanken, dass bei uns heute ein freies Gericht in Ruhe entscheiden darf, ob Gesetze mit der Verfassung im Einklang stehen oder nicht. So wie zuletzt beim Euro-Rettungsschirm ESM, selbst wenn alle darauf hinweisen, dass «die Märkte» möglichst bis zum nächsten Handelstag ein Ergebnis hätten.

«Die Märkte» kommen bei den Aufklärern noch nicht vor, aber die Herrschaft der Märkte in Reinform ist ebenfalls eine englische Erfindung, spricht man doch bis heute vom Manchester-Kapitalismus, wenn die Wirtschaftsordnung in ihrer brutalsten Form daherkommt: die maximale Profitmaximierung ohne lästige Gewerkschaften, Mindestlöhne und Minimalstandards für Menschen oder Umwelt. So oft, wie wir heute lesen, was sich die Märkte (angeblich) wünschen, was die Märkte (mit Sicherheit) abstrafen, was (angeblich) Gift für die Märkte ist und was (mit Sicherheit) das Beste für die Märkte wäre, ist dieses Konzept offenbar noch nicht gänzlich aus der Mode gekommen.

Da im England der Industrialisierung ab 1780 viele Menschen unter katastrophalen Bedingungen für die Märkte schufteten, verwundert es nicht, dass selbst der Gegenentwurf, der Kommunismus, in England erfunden worden ist. Karl Marx hatte ihn in London ausgebrütet. Das ist doch keine schlechte Bilanz für den britischen Einfluss in Europa, schließlich hat seine östliche Hälfte sehr konsequent versucht, die Marx'schen Ideen umzusetzen, bis man endlich draufkam, dass sie nicht funktionierten. Auch wenn man natürlich erwähnen muss, dass die Aushängeschilder der Briten immer wieder als Migranten enttarnt werden: Karl Marx ist, wie sein wichtiger Kompagnon Friedrich Engels, in Deutschland geboren worden.

Aber dieses Beispiel steht für viele in der britischen Geschichte: Vieles vermeintlich Britische ist es gar nicht. Das betrifft selbst den Kern des britischen Selbstverständnisses. Die Königsfamilie hat durch und durch deutsche Wurzeln – wie peinlich ist das bitte? Ab 1714 kam der englische König aus Hannover und sprach kein Wort Englisch. Später mischten weitere Deutsche auf dem Thron mit, und als die königliche Familie «Hannover» aus ihrem Namen strich und dafür «Sachsen-Coburg-Gotha» einfügte, klang das noch weniger weltläufig als Hannover und auf jeden Fall immer noch viel zu deutsch.

Im Ersten Weltkrieg nannte man sich in «Windsors» um, wollte man doch ungern mit deutschem Namen gegen Deutsche kämpfen. Also behalf man sich mit dem Namen des Dorfes, in dem man wohnte: Windsor.

Als zuletzt Elisabeth II. mit Prinz Philip wieder einen Deutschen heiratete, noch dazu aus Oldenburg, musste erneut nachgebessert werden. Aus dem Namen «von Battenberg» kreierte er den Namen «Mountbatten», dabei gibt es im ganzen Empire keinen Mount Batten. Insofern war die Namensänderung in etwa so seriös wie manche adelige Doktorarbeit der Gegenwart.

Die Karte von England im Tafelteil dieses Buches zeigt die Unentschlossenheit des Landes. Sie ist heute wieder ausgeprägter denn je. Will es zu Europa gehören oder doch eher für sich sein? Das Engagement auf dem Kontinent scheint immer nur ein Gastspiel zu bleiben. Die Bindung an die USA ist dagegen oftmals stärker. Premier Cameron will die Briten über die weitere Zugehörigkeit in der EU abstimmen lassen, und das mit einem langen Vorlauf von mehreren Jahren. Es macht in Büchern oft wenig Sinn, aktuelle Politiker anzuführen, zu schnell werden sie Geschichte, doch bisher gab es diese Volksabstimmung nicht. Ich mag mir nicht vorstellen, was passiert, wenn die Briten die Anker lichten und mit ihrer ganzen Insel hinaus in den Atlantik rudern.

Was wir den Briten zu verdanken haben

Hovercraft
Scones with clotted cream
Penicillin
MG Roadster
Shaun das Schaf
Wales
Miss Moneypenny
Linoleum
Talisker Single Malt
Salt & Vinegar Crisps
Londonbus
Fish & Chips
Churchill
Mini Cooper
Sodawasser
Camilla Parker Bowles
Unterhaus
Dosen
Bill of Rights
Thomas, die Lokomotive
Roastbeefsandwich
Buggy
Manchester United
Minirock
Dampfmaschine
Nick Hornby

ALLE NATIONEN ZURÜCK AUF LOS

Das verflixte
20. Jahrhundert

Die Geschichte lehrt die Menschen,
dass die Geschichte die Menschen nichts lehrt.
MAHATMA GANDHI

Um 1900 konnte sich niemand vorstellen, dass in Europa in kürzester Zeit alles den Bach runtergehen könnte. Das neue Jahrhundert wurde am Silvesterabend stürmisch begrüßt von Menschen, die schon seit mehreren Generationen ein atemberaubendes Tempo der Entwicklung hinter sich hatten. Das Leben ihrer Großväter gab es nicht mehr. Immer mehr zogen in die Städte. Berlin sollte bald zur drittgrößten Stadt der Welt anwachsen mit bis zu über vier Millionen Menschen, war also schon mal deutlich größer als heute. Und diese ganzen Neuberliner lebten größtenteils in Mietskasernen mit dem lärmenden Takt überfüllter Wohnungen und Hinterhof-Fabriken, stampfenden Eisenbahnen und inmitten eines Meeres von Schornsteinen. Auch das Ruhrgebiet zog die Landbevölkerung an und schickte diese unter Tage; der Hamburger Hafen beschallte die ganze Stadt mit seinem Hämmern und Dröhnen, täglich legten Schiffe in die Neue Welt ab, und man konnte dort sogar anrufen, seit Überseekabel am Grund des Atlantiks lagen. Die Welt war im Aufbruch, es hatte lange keinen Krieg mehr gegeben, und da alles größer, schneller, höher und weiter ging, schien selbiges ein Naturgesetz zu sein. So wie Menschen, Tiere und Pflanzen wachsen, konnte doch auch die Gesellschaft nur noch größer, schöner und weiser werden. Doch auch im 20. Jahrhundert erlaubt sich Europa noch einmal einen Totalausfall.

Der Weihnachtsfrieden

Spätestens wenn man sich mit diesem Jahrhundert beschäftigt, dürfte es schwierig werden, nicht über Kriege zu reden. Aber ich versuche es trotzdem, denn selbst in Zeiten von Kriegen versuchten Menschen stets, Frieden in ihren Alltag zu bringen, auch in jenen Momenten, in denen sie gerade irgendwo sein mussten, wo sie nicht sein wollten. Ein Beispiel für eine besonders ermutigende Geschichte ist unter dem Namen «Weihnachtsfrieden» in Erinnerung geblieben; sie ereignete sich während des Ersten Weltkriegs. Eigentlich war man 1914 in Berlin davon ausgegangen, dass man in wenigen Wochen die Franzosen überrollen können würde, doch als der Winter – mal wieder völlig überraschend – begann, befanden sich Tausende britische und französische Soldaten auf der einen Seite und Tausende deutsche Soldaten auf der anderen Seite in ihren Schützengräben in einem Stellungskrieg.

An der Westfront bei Ypern lagen die verfeindeten Heere so dicht beieinander, dass man in Gefechtspausen die Stimmen des Feindes hören und mittags den Geruch seiner Feldküche riechen konnte.

Am 24. Dezember, als in Deutschland die Kerzen der Christbäume entzündet wurden und die Bescherung anstand, sanken Laune und Kampfeslust der deutschen Soldaten auf den Nullpunkt. Auch das Feuer auf den Feind wurde immer nachlässiger.

Auf einmal sah man in einer Feuerpause über dem Graben der Alliierten ein Pappschild mit der Aufschrift «Frohe Weihnachten!» auftauchen. Das empfand niemand als Hohn, vielmehr beeilten sich die Deutschen, ebenfalls eine Pappe zu besorgen. Bald konnten die Briten durch ihre Ferngläser die Aufschrift «Merry Christmas» lesen. Für die Franzosen auf der anderen Seite fertigte man ebenfalls ein Schild an: «Joyeux Noël».

Nach einer Weile wurde das Feuer ganz eingestellt – hatte man nicht auch ein Anrecht auf ein bisschen Besinnung? Die deutschen Soldaten sangen Weihnachtslieder, der Feind lauschte. Dann schallte von der anderen Seite ein britisches oder französisches Lied herüber.

Am Tag darauf trafen sich die Feinde im Niemandsland zwischen den Fronten, tauschten Geschenke aus. Die Deutschen brachten Bierfässer, man spielte zusammen Fußball auf dem Grund, auf dem zuvor Unzählige im Maschinengewehrfeuer gestorben waren. Aber nicht an diesem Tag.

Jetzt machte man Fotos, die wir uns noch heute verblüfft anschauen können. Britische, französische und deutsche Soldaten sind darauf zu sehen, Arm in Arm, und sie lachen in die Kamera in diesem undenkbaren, wilden und strengstens verbotenen Frieden.

Am Neujahrstag, so verabredete man sich, sollte der nächste kampffreie Tag stattfinden. Warum gerade dann? So lange brauchte es, bis die Fotos entwickelt waren.

Die Generalität tobte, als sie von der Einstellung der Kampf-
handlungen hörte. Zum Weihnachtsfest 1915 im Jahr darauf
stand auf das Verbrechen «Singen mit dem Feind» die Todesstrafe, denn es untergrub eine der wichtigsten Voraussetzun-
gen für einen Krieg: den Hass auf den Feind. Nur eines ist noch
wichtiger, damit ein Soldat kämpft: Ein Soldat muss vor seinen
Offizieren mehr Angst haben als vor dem Feind.

Eine Historikerin verhindert den Weltkrieg

Wer glaubt, Historiker seien Leute, die in Bibliotheken sitzen,
Archive durchforsten und Bücher schreiben, die lediglich von
einigen Kollegen gelesen werden, hat recht. Zumindest, wenn
es um das Gros der Historiker geht. Es gibt aber auch rühm-
liche Ausnahmen, eine von ihnen heißt Barbara Tuchman. Sie
hat den Beweis angetreten, dass Bücher die Welt verbessern
können und Gandhi eben nicht ausnahmslos recht hatte, als er
sagte, die Geschichte lehre nur, dass die Geschichte die Menschen nichts lehre.

Vielleicht lehne ich mich damit für manchen Geschmack
zu weit aus dem Fenster, aber ich würde sogar so weit gehen
zu behaupten, dass Barbara Tuchmann den Weltuntergang
verhindert hat beziehungsweise den Dritten Weltkrieg, was in
Zeiten der nuklearen Aufrüstung dasselbe gewesen wäre. Wie
ich zu meiner These komme? Mitten in der Kubakrise las der
amerikanische Präsident John F. Kennedy Tuchmans Buch
«Guns of August», das bei uns unter dem Titel «August 1914»
erschienen ist. In diesem Buch über den Beginn des Ersten
Weltkrieges zeigt sie eindringlich, wie leicht man einen Krieg

beginnen kann – und wie schwer es ist, ihn wieder zu beenden. Eine Erfahrung, die wir aktuell gerade wieder in Afghanistan machen, wo selbst ehemalige Befürworter es inzwischen nicht mehr für sinnvoll erachten, dass westliche Truppen in dem fernen Land stationiert sind. Aber die Truppen sind da. Und man kriegt sie nicht so schnell wieder raus. Jetzt, wo das Ende des Afghanistan-Einsatzes beschlossene Sache ist, stellt sich heraus, dass es noch weitere anderthalb Jahre dauern wird, bis wirklich alle Soldaten, bis alle Panzer und jedes Gerät verstaut und abtransportiert sind.

In der Kubakrise ging es aber um noch mehr. Damals, im Herbst 1962, nahmen sowjetische Schiffe, mit Atomraketen beladen, Kurs auf das kommunistische Kuba und damit auf den Vorgarten der USA. Von dort hätte der kommunistische Feind erstmalig die Möglichkeit gehabt, mit Atomraketen das US-amerikanische Staatsgebiet anzugreifen. Die Berater um den Präsidenten waren aufgebracht. Sie teilten sich in «Falken», die für einen Angriff auf Kuba plädierten, und die «Tauben», die mit einer Blockade der Schiffe auf dem Meer die Eskalation eindämmen wollten.

Es bedarf einiger Nerven, Risikobereitschaft und eines sehr gefestigten Selbstbewusstseins, wenn man beim Säbelrasseln der Nationen nicht mitmachen will. Wer den Angriff fordert, scheint mutig zu sein; wer zögert und verhandelt, gilt schnell als feige. «Lassen Sie uns nur machen», hatten die US-Generäle im Krisenstab gedröhnt, «wir sind stärker und besser als die Gegner, es kann nichts schiefgehen. Wir pusten die weg, besetzen die Scholle und haben Ruhe.» Was fehlte, war das Okay des Präsidenten.

Doch der zögerte. Was ist nach dem Okay? Welchen Einfluss auf das Geschehen hatte er noch, wenn man auf Konfrontation setzte? Kennedy dachte an die Geschichte, die Barbara Tuchman festgehalten hatte, daran, was passieren kann, wenn eine Kriegsmaschinerie erst einmal angelaufen ist. Und mit dieser Geschichte sind wir wieder im Europa des Jahres 1914. Tuchman berichtet in ihrem Buch, dass Kaiser Wilhelm II. nach seiner Zustimmung zur Mobilisierung der deutschen Armeen gegen Frankreich die Entscheidung noch einmal überdacht hatte und zu dem Schluss gekommen war, dem Ganzen Einhalt zu gebieten und die Mobilmachung gegen Frankreich einzustellen. Zwar nicht, weil er plötzlich Kriege verabscheute, das Böse ahnte, Menschenleben schonen wollte, sondern allein aus taktischen Gründen, da er sich lieber auf einen Krieg gegen Russland konzentrieren wollte. Aber dennoch, der Kaiser selbst wollte die Mobilisierung abblasen, und eigentlich hätte man ihm Folge leisten müssen, denn er war der Oberchef.

Doch der Chef des Generalstabs, Helmuth von Moltke, hatte sich jahrelang auf diesen Tag, die Mobilmachung, vorbereitet. Er protestierte und sagte einen Satz, der bis heute in Erinnerung bleiben sollte: «Und da es nun einmal so beschlossen ist, kann es nicht mehr geändert werden.»

Um was ging es damals? Mit dem Befehl zur Mobilmachung gegen Frankreich wurden zwei Millionen junge Männer – eine unvorstellbar große Anzahl – einberufen, in Uniformen gesteckt und in Züge verladen. Für ein einziges Armeekorps setzten sich über sechstausend Eisenbahnwaggons in Bewegung, die verteilt auf hundertvierzig Züge im Zehnminutentakt in Richtung Westen rollten. Es gab insgesamt vierzig Armeekorps. Die Maschinerie war angelaufen und nicht mehr zu stoppen.

Kennedy wollte aus dieser Geschichte lernen und das Heft

des Handelns nicht aus der Hand geben. Das war gut so. Er musste die Nerven behalten und bremste seine Militärs.

Übrigens wird auch das Verhalten von Chruschtschow in der Krise im Nachhinein als besonnen eingeschätzt. Derselbe Sowjetführer, der wenige Jahre zuvor bei einer UNO-Vollversammlung in New York erregt mit seinem Schuh auf das Rednerpult eingeschlagen hatte und nicht nur deshalb als Choleriker galt, fürchtete und scheute selbst die Folgen, die eine Eskalation hätte haben können.

Friedensengel Wassili Alexandrowitsch Archipow

Von den Präsidenten der Welt wird jedes Wort aufgeschrieben, und es ist so schade, wie wenig dagegen von den historischen Momenten normaler Leute erhalten bleibt. Deshalb soll an dieser Stelle mal ein friedlicher und weitgehend unbekannter Russe erwähnt werden, der ebenfalls den Orden für den verhinderten Nuklearkrieg verdient hätte. Auch damit nicht der ganze Ruhm für die friedvolle Beendigung der Kubakrise an einen amerikanischen Präsidenten und eine amerikanische Historikerin geht.

Dieser sympathische Sowjetbürger hieß Wassili Alexandrowitsch Archipow und war in der Kubakrise als einer von drei Offizieren auf dem U-Boot B-59 ebenfalls vor der Küste Kubas unterwegs. Was die Amerikaner, die bei der Blockade dieses U-Boot aufgespürt hatten, nicht wussten: B-59 war mit Atomraketen bewaffnet. Die Kriegsschiffe der US-Armee feuerten mit Granaten ins Wasser, um das U-Boot zum Auftauchen zu zwingen. Durch die heftigen Detonationen unter Wasser ging die Besatzung von B-59 zu Recht davon aus, dass sie angegriffen wurde – sie konnten ja nicht wissen, dass es den Amerikanern einzig und allein darum ging, sie an die Wasseroberfläche zu bringen. Also forderten die beiden Offiziere, die neben Archipow an Bord waren, den Abschuss der Atomraketen. Die Vorschrift verlangte jedoch die Zustimmung aller drei Offiziere an Bord. Archipow verweigerte sie, er votierte dafür, aufzutauchen und abzuwarten, was passieren würde. Der Druck, der in diesem Moment auf ihm lastete, muss noch viel größer gewesen sein als der in den Kommandostellen in Washington und in Moskau, zumal alle in unmittelbarer Lebensgefahr waren. Sollten sie wirklich aufgeben, wo man doch eine Superwaffe an Bord hatte und sich wehren konnte?

Wassili war eine Taube neben zwei Falken, und letztlich setzte er sein Veto durch. Ohne seine Standfestigkeit wäre tatsächlich eine sowjetische Atomrakete vor Kuba und Florida in den blauen Himmel gestiegen.

Auch wir Deutschen und Europäer insgesamt profitierten vom friedlichen Ausgang der Kubakrise, denn bei uns waren auf beiden Seiten des Eisernen Vorhangs die meisten Atomraketen stationiert, wir saßen auf dem Pulverfass, das beinahe gezündet worden wäre. Das ist gerade noch mal gutgegangen.

1918: Die Deutschen können auch Revolution

Suchen wir noch mehr Geschichten von Menschen, die sich weigerten, beim Krieg mitzumachen, so wird auch der Anfang dieses verflixten Jahrhunderts erträglicher. Am Ende des

Ersten Weltkriegs geschah dies noch mal im ganz großen Stil: Revolution!

(Haben Sie sich bis jetzt alle deutschen gemerkt? 1524 – Bauernaufstände, 1848 – Märztage, 1968 – Studentenrevolution, 1989 – Friedliche Revolution in der DDR, 2011 – Rentnerrevolution auf dem Stuttgarter Bahnhof.) Aber eine große deutsche Revolution fehlt noch, und es war die erste, die auch gelang. Der König haut ab, die Republik kommt. Was will man mehr? Wie konnten die Deutschen so was schaffen?

Der Oberdeutsche war bis 1918 Kaiser Wilhelm II., im Hintergrund zog jedoch Erich Ludendorff die Strippen, ein unsichtbarer Diktator, der weder ernannt worden war noch geputscht hatte, aber trotzdem größtmöglichen Einfluss besaß. Wenn der Kaiser einen Vorschlag machte, sagte Ludendorff: «Schöne Idee, geht aber leider nicht, und nun zu Tisch.»

Als die endgültige Niederlage der Deutschen vor der Tür stand, bekam Wilhelm einen Nervenzusammenbruch an seinem Schreibtisch. Sofort müsse über einen Waffenstillstand verhandelt werden, befand er. Und so wählte man die Nummer des amerikanischen Präsidenten Wilson. Als die Admirale und Offiziere der deutschen Flotte in Wilhelmshaven davon hörten, riefen sie in der Offiziersmesse: «Aufgeben? Mit uns nicht! Wir laufen noch ein letztes Mal aus und zeigen es dem Engländer, aber richtig!» Das sei eine Frage der Ehre. Doch den einfachen Matrosen war die Ehre nach vier Jahren Krieg egal, sie wollten nach Hause, warum sollten sie noch mal ihr Leben riskieren? Diese Frage hätten sie auch schon früher stellen können. Hatten sie aber nicht, da sie verlässliche Rädchen im Getriebe der Seestreitkräfte waren, aber diesmal gab es einen entscheidenden Unterschied: Verhandelte nicht die eigene Regierung über einen Waffenstillstand? Und war da Auslaufen und auf britische Schiffe Feuern nicht genau das Gegenteil dessen, was die Regierung wollte?

Vor diesem Hintergrund wurden in den Augen der Matrosen Admirale wie Scheer, die Auslaufbefehle gaben, zu Meuterern, sie selbst hingegen zu denen, die den Willen der Regierung in Berlin durchsetzten.

Und wenn Matrosen nicht auslaufen wollen, dann läuft auch kein Schiff aus. Kein Wunder also, dass die Marineleitung den Gedanken wieder verwarf, denn mit dieser feigen Truppe würde das eh nicht gehen. Aber sie schafften es, die Aufrührer einzusperren – und das war ein großer Fehler. Denn in anderen Hafenstädten im Deutschen Reich, so in Kiel, breitete sich die Nachricht von den eingesperrten Kameraden wie ein Lauffeuer aus, das zu einem Riesenaufstand, selbst in Berlin und sogar bis München, anschwoll. München? Gab es da überhaupt Matrosen? Wenige, aber inzwischen hatten sich längst andere Underdogs den Matrosen angeschlossen, und als in München ein Arbeiter- und Soldatenrat erklärte, dass nun er das Sagen habe, fiel der letzte bayerische König (Ludwig III.) müde vom Thron, der über siebenhundert Jahre in Familienbesitz war.

Es ging alles wahnsinnig schnell damals. Wenn Sie das nächste Mal in München sind, machen Sie doch einfach einen Spaziergang durch den Englischen Garten und stellen Sie sich vor, wie ein Passant auf sie zuläuft und sagt: «Majestät, es heißt, Sie seien abgesetzt.» So geschah es Ludwig. Er eilte zurück ins Schloss und wollte bei Kaffee und Kuchen schauen, was an diesem Gerücht dran war, doch als er eintraf, war niemand mehr da, der ihm Kaffee einschenken wollte. Das komplette Gesinde war schon abgehauen.

Das hätte man den Bayern gar nicht zugetraut, dass sie als Erste die Monarchie abschaffen und die Republik ausrufen, die man hier Freistaat nennt – bis heute.

Ein Sozi hasst die Revolution wie die Pest

Auch in Berlin brausten inzwischen Arbeiter- und Soldatenräte auf LKWs durch die Stadt und verbreiteten die frohe Botschaft. Auch sie waren schnell. Bevor Funktionsträger des Kaiserreichs Truppen zur Niederwerfung des Aufstandes alarmieren konnten, standen diese Revolutionstaxis schon selber dort vor der Tür und suchten das Gespräch mit den Regimentern. «Brüder, schießt nicht auf Brüder», lautete die schöne Parole. Für den Kaiser wurde es eng.

Wer führte diese Revolution eigentlich? Die SPD wollte ihren Genossen Friedrich Ebert gerne auf diesem Posten sehen. Aber so ein richtiger Revolutionär war er nicht. Denn die SPD mischte schon in der Regierung mit, und eine Regierung kann doch nicht zur Revolution aufrufen, das wäre doch absurd. Wieso war die SPD überhaupt an der Macht, haben wir etwas verpasst? Ja, den letzten Schachzug Ludendorffs. Bis dahin gab es quasi ein Kaiserreich mit Militärregierung, denn die Entscheider waren eben Ludendorff und Generalfeldmarschall Hindenburg, der Mann, vor dem später Hitler einen tiefen Diener machen wird.

Als die Niederlage der Deutschen feststand, setzten sie eine bürgerliche Regierung ein. Der Reichskanzler hieß Max von Baden, ein netter Typ, in dessen Kabinett sich Sozialdemokraten wie Philipp Scheidemann oder eben auch Friedrich Ebert befanden. Aber Ebert sah sich einfach nicht als Revoluzzer. «Ich will die Revolution nicht, ich hasse sie wie die Pest!», soll er gesagt haben, natürlich im kleinen Kreis – auf der Straße hätte man mit diesem Satz sofort eine Faust zwischen die Augen bekommen. Trotzdem wollte sich die SPD an die Spitze der Revolution setzen und sie abmildern, sie in parlamentarische Bahnen lenken. Der Kaiser sollte abdanken, auf diese Forderung konnte man sich einigen. Aber bitte nicht zugunsten eines Kommunismus wie der, der zur gleichen Zeit Russland ins Chaos stürzte.

Doch auch in Berlin gab es damals echte Kommunisten, wie z.B. Karl Liebknecht. Zunächst sah er die Revolution nur durch die Gitterstäbe einer Berliner Zelle, wurde dann aber im Zuge der revolutionären Ereignisse entlassen. Damit nahm die Story noch mal richtig Fahrt auf.

Der Sozialdemokrat Philipp Scheidemann saß gerade in der Kantine des Reichstages zum Essen am Tisch, als ihm jemand zuraunte, dass Liebknecht beabsichtige, zu den Berlinern zu sprechen. Noch kauend sprang Scheidemann auf und lief zum nächsten Fenster. Nicht vor mir, mag er gedacht haben. In diesen Tagen war so viel aufgewühltes Volk unterwegs, dass sich sofort eine Menschenmasse unter dem Fenster versammelte. Der Kaiser muss abdanken, rief Scheidemann den Berlinern zu und: «Es lebe die deutsche Republik!» Beifall. Zwei Stunden später öffnete sich am Berliner Schloss ein anderes Fenster, und Karl Liebknecht trat auf den Balkon. «Es lebe die sozialistische Republik», rief er. Beifall.

Sicher haben an diesem Tag noch ein paar andere Leute etwas von Balkonen heruntergerufen, diese beiden aber waren die wichtigsten. Am Ende siegten die Sozis. Nicht der gefürchtete Kommunismus brach aus, sondern die Zeit der Weimarer

Republik begann: die erste Demokratie auf deutschem Boden. Vierzehn Jahre hielt sie und führte zu einer bis dahin noch nie dagewesenen Befreiung der Menschen: Frauen traten für ihre Rechte ein, Kunst- und Kulturschaffende sprühten vor Kreativität, es wurde gefeiert, bis der Arzt kam, und der feierte dann noch mit. So bunt wie in den zu Recht gefeierten zwanziger Jahren wurde es lange nicht wieder.

Das Reich des Bösen

Die SPD fürchtete damals russische Verhältnisse. Was war nur schiefgegangen bei der Oktoberrevolution? Es ist eine der spannendsten Fragen der Geschichte, warum der Kommunismus, eigentlich das größte Versprechen auf Freiheit, die Gleichheit der Menschen, warum sich diese Utopie immer, ob nun in Russland oder später in anderen Ländern, ins genaue Gegenteil verkehrte.

Wie im Anschluss an die Französische Revolution zerfleischten sich in Russland in kürzester Zeit die verschiedenen Lager, und wiederum übernahmen die Extremsten das Kommando. Bald saß ein großer Teil der Bevölkerung in den gefürchteten Arbeits- und Vernichtungslagern, den Gulags. Ein bitterböser Witz über diese Zeit zeigt die Situation damals: Unterhalten sich drei Häftlinge. «Warum sind Sie hier?», fragt der erste. «Ich war gegen Trotzki. Und Sie?» – «Oh, ich war für Trotzki.» Dann wenden sie sich dem dritten zu: «Und Sie? Warum sind Sie hier.» – «Ich *bin* Trotzki.» Leo Trotzki, einstiger Revolutionär, lieferte sich mit Josef Stalin einen Machtkampf über die Ausrichtung des Kommunismus, den er schließlich verlor.

Als in den siebziger Jahren dieses seltsamen 20. Jahrhunderts der Präsident der UdSSR, Leonid Breschnew, Besuch von seinem amerikanischen Pendant Jimmy Carter bekam, spazierten sie über den Roten Platz, und Jimmy Carter soll dem Oberkommunisten einen Vortrag über Freiheit gehalten haben. Vor dem Weißen Haus in Washington könne ein Amerikaner rufen «Weg mit dem amerikanischen Präsidenten» und ihm passiere nichts. Darauf soll Breschnew ruhig geantwortet haben: «Das kann er auf dem Roten Platz auch machen.»

Was den Einfluss Russlands auf Europa betrifft, gebührte ihm eigentlich ein eigenes Kapitel. Über vierzig Jahre prägte das Land die Hälfte des Kontinents – doch mir geht es um positiven Einfluss, so wie wir noch heute von den Alten Griechen profitieren. Mir fällt da bei Russland hauptsächlich die Wertschätzung von Freundschaften ein. Wie z.B. die zwischen Gerhard Schröder und Wladimir Putin. Putin selbst verband eine enge Freundschaft mit seinem Vorgänger Boris Jelzin, auch als es mit diesen zu Ende ging. Er ließ es sich nicht nehmen, jeden Tag in die Klinik zu fahren und an seinem Bett zu stehen – manche unken: auf dem Beatmungsschlauch.

Der gewählte Diktator

Besser als den Russen erging es den Deutschen aber am Ende der Weimarer Republik auch nicht. Was war im Januar 1933 passiert? Der 27-jährige Karl Meßdorf aus Wandlitz wurde von einem Lastwagen angefahren, und im Möbelladen Jakob & Braunitsch in der Alexanderstraße in Berlin begann der Totalausverkauf. Frisiertoiletten waren auf 24 Reichsmark runtergesetzt. Außerdem wurde Hitler der erste Diktator Europas, der in freien Wahlen die Mehrheit erhielt.

Hitler wollte eigentlich Künstler werden. Zweimal hatte die Kunstakademie in Wien seine Bewerbungsmappe abgelehnt. Dabei hätte die Welt ihn als schlechten Maler sicher besser verkraftet als seine Alternativkarriere. Vielleicht ist Hitler ein Grund dafür, warum es in Deutschland heute eine umfangreiche Künstlerförderung gibt; bei öffentlichen Gebäuden muss ca. ein Prozent der Bausumme in Kunst am Bau investiert werden, es gibt Stipendien für Schriftsteller, Kulturzentren, Theater werden gefördert, das alles nur, damit nie wieder ein frustrierter Künstler in die Politik geht.

Denn mit Hitler betraten wir Deutschen Abgründe, die keine andere Nation zuvor und danach jemals betreten hat.

«Autobahn geht halt nicht»

Die Zeit des Nationalsozialismus gehört wohl zu den am besten erforschten überhaupt. TV-Dokumentationen aus und über diese Zeit laufen im ZDF so oft, dass man sagen kann: Der Faschismus hat schändlicherweise vielen Menschen das Leben gekostet, aber er sichert das Überleben des ZDF.

Bei der Diskussion um die Frage, warum die Deutschen Hitler gewählt haben, kommt immer wieder der Hinweis auf die wirtschaftliche Lage des Landes. Die Republik war überschuldet, die Wirtschaft lag am Boden, die Menschen waren verzweifelt. Unser Land befand sich Anfang der dreißiger Jahre in derselben Situation, in der sich Griechenland heute befindet. Die meisten Deutschen möchten momentan mehr Härte gegen

Griechenland sehen, einen Stopp der Zahlungen, am besten noch einen Rauswurf bankrotter Staaten aus der Eurozone. Der Blick in unsere Geschichte lohnt, denn vor 1933 kollabierte Deutschland auch wegen der unterlassenen Hilfeleistung, und die Kosten für die Gläubiger waren im Nachhinein mindestens ebenso hoch, als hätten sie weitergeholfen.

Trotzdem zeigten uns Amerikaner, Briten und Franzosen die kalte Schulter und sagten *No* und *Non*: Keine neuen Kredite für den chronischen Patienten. In der Not suchen die Menschen nach einfachen Lösungen. Bei uns hieß sie: Ein Führer führt uns aus dem Schlamassel raus, gibt uns das Selbstbewusstsein zurück. Und tatsächlich, mit dem gewählten Diktator gelingt zunächst, wovon Südeuropa heute träumt; von sechs Millionen Arbeitslosen auf Vollbeschäftigung in wenigen Jahren zu gelangen.

Kanzler a. D. Helmut Schmidt nannte das in einem Gesprächsbuch mit dem Historiker Fritz Stern aus den USA «ein ökonomisches Kunststück der Nazis». Natürlich hat man als Diktator wirtschaftlich ganz andere Möglichkeiten als unsere heutigen demokratisch gewählten Volksvertreter: Kredite kann man mit Ländern absichern, die man in absehbarer Zeit zu erobern gedenkt. Preise und Löhne, die in den Augen von Wirtschaftsexperten schnell zu hoch sein könnten, können kurzerhand eingefroren werden. Und damit die Löhne insgesamt wirklich niedrig bleiben, verbietet man, so wie Hitler, kurzerhand die Gewerkschaften – davon kann die FDP heute nur träumen.

Die Lohnstückkosten, also die Kosten, die dem Unternehmer entstehen, um zum Beispiel einen Automotor zu bauen, fielen unter Hitlers Herrschaft auch deshalb so rasant, weil man die Zwangsarbeiter nicht bezahlen musste – wie praktisch. Die Zahl der jungen Arbeitslosen schnurrte darüber hinaus zusammen, weil der Diktator die Waffenindustrie ankurbelte, die Wehrpflicht wieder einführte und die anderen Arbeitslosen Autobahnen mit der Schaufel bauen ließ.

Arbeitslosigkeit dadurch abzubauen, dass sich der Staat viel Geld leiht und dann die Leute, die keinen Job finden, kurzerhand selber anstellt, nennt man Keynesianismus. Man muss das Wort ein paarmal allein vor dem Spiegel üben, bevor man damit auf Partys angibt. Die Theorie ist nach ihrem Erfinder benannt, den Briten John M. Keynes. Eigentlich kam seine Lehre erst nach dem Zweiten Weltkrieg richtig in Mode, trotzdem ist für Helmut Schmidt Hitlers Wirtschaftspolitik «Keynesianismus in reinster Form».

Als Eva Herman in der Sendung von Johannes B. Kerner mit Blick auf diese Jahre feststellte: «Es sind damals auch Autobahnen gebaut worden, und wir fahren heute darauf», urteilte der Moderator: «Autobahn geht halt nicht, finde ich.» Ich dachte im ersten Moment, er kritisiere den miserablen Zustand der alten NS-Autobahnen, die man nun wirklich nicht loben kann. Dank DDR-Sozialismus gab es im Osten nach der Wende noch lange Zeit Strecken im Originalzustand. Entweder stand man dort im Stau oder ruinierte sich die Achsen des Wagens in den groben Spalten zwischen den Betonplatten. Kein Wunder, dass der Nachschub an die Ostfront früh abgerissen ist ...

Helmut Schmidt äußerte im Gespräch mit Fritz Stern einen Satz, für den sich Eva Herman wahrscheinlich vor einer neu anberaumten Sitzung der Nürnberger Prozesse verantworten würde: «Wenn Hitler 1936 erschossen worden wäre, würde er heute als Held der Wirtschaftsgeschichte dastehen.» Kerner schüttelt über einen solchen Satz wahrscheinlich nur den Kopf: «‹Held der Wirtschaftsgeschichte› geht halt nicht, finde ich.»

Und angesichts des Elends, das die Deutschen während des Nationalsozialismus und des Zweiten Weltkriegs über die Menschen gebracht haben, mag man ihm sogar in diesem Fall zustimmen. Die folgende Episode vermag einen winzigen Eindruck davon geben, wie umfassend die Vernichtung durch die Nazis in allen Lebensbereichen war: Als der amerikanische Schauspieler Robin Williams vor ein paar Jahren in einer deutschen Talkshow zu Gast war, fragte ihn die Moderatorin, ob er sich erklären könne, warum es in Deutschland so wenig gute Comedy gäbe. Darauf antwortete er: «Haben Sie mal daran gedacht, dass Sie alle lustigen Leute umgebracht haben?»

1945 war Deutschland wieder bedingungslos bankrott – moralisch und finanziell. Nach nur vierzehn Jahren. Da sind selbst die Griechen solider.

Die guten Jahre – das Happy End

Das 20. Jahrhundert hat wirklich mies angefangen, doch die zweiten fünfzig Jahre können sich zumindest in der westlichen Hälfte sehen lassen. Schon direkt nach dem Krieg schien es, als habe man endlich mal aus der Geschichte gelernt. Denn den Deutschen wurde ab 1948 mit dem berühmten Marshallplan wieder auf die Beine geholfen. Hauptsächlich die USA finanzierten diese Hilfe und das, obwohl wir vorher nichts als Scherereien gemacht hatten und die Amerikaner schon viel zu viel Geld in den Krieg hatten stecken müssen. Es ist wirklich lässig und deshalb vielleicht besonders amerikanisch, jemandem Geld zu leihen, der einen noch kurz zuvor beschossen hat. Was die Griechen betrifft, ist die Lust der Deutschen, für weitere Kredite zu bürgen, schon jetzt gleich null, dabei hat Griechenland weder alle Nachbarländer überfallen und in Schutt und Asche gelegt, noch Hundertausende Menschen ermordet. Wenn dem so wäre, würden wir Deutschen wohl erst recht die Hilfe verweigern.

Die Amerikaner haben es damals, was uns betrifft, nicht getan. Sicher, sie hatten bei ihrer Hilfe auch ein strategisches Interesse, weil sich sonst früher oder später Stalin um die Probleme am Rhein gekümmert hätte.

Um die alten Gräben zwischen Deutschen, Franzosen, Engländern, die ebenfalls pleite waren, zu überwinden, war der Marshallplan daran gekoppelt, dass die Nationen sich an den Aufbau eines Europas machten, das wirtschaftlich eng zusammenarbeitete.

Klingt schon nach Vorläufer der EU, oder? Sollte es auch. Denn die Amerikaner waren der Meinung, dass Europa nicht friedlich zusammenwachsen könne, wenn ein Teil der Länder in Armut versinkt. Der Kontinent müsse vereint werden und ökonomisch gesund sein, nur so sei er immun gegen Totalitarismus. Genau das gilt heute noch – es haben nur einige noch nicht kapiert.

Mit dem Marshallplan, dessen Neuauflage heute tatsächlich schon einige für Griechenland und andere betroffene Länder fordern, begann die beispiellose Erfolgsgeschichte Europas.

1989 wurden sogar die Blöcke überwunden, die Mauer, der Eiserne Vorhang. Es begann eine Zeit, in der Europa noch in seine eigene Zukunft verliebt war (siehe Fototeil).

Zu dem Europa, das an seine eigene, friedliche Zukunft glaubte und daran, dass es wichtig ist, aufeinander zuzugehen, gehörte der Kniefall Willy Brandts am Mahnmal im Warschauer

Ghetto in Polen. Es war eine besonders entschlossene und dabei auch zärtliche Geste, als Entschuldigung für die Verbrechen, die Deutsche an Polen und allen anderen, die dort umgebracht wurden, begangen haben. Dabei war es auch ein Zeichen für die Zukunft. Ab jetzt nie wieder gegeneinander, nur noch gemeinsam, als Freunde.

Später stand Helmut Kohl mit François Mitterrand Hand in Hand in Verdun. Dann verteilte Gorbatschow Küsschen. Davon konnte der neue französische Präsident François Hollande nur träumen, als Angela Merkel, inzwischen als «eiserne Kanzlerin» im europäischen Ausland betitelt, zum ersten Mal mit dem neu gewählten Präsidenten zusammentraf. Küsschen gab es nicht, nur einen Handschlag. Dabei bedeutet der Verzicht auf Küsschen-links, Küsschen-rechts in Frankreich dasselbe, als würde man in Deutschland einem Gesprächspartner den Handschlag verweigern. So wenig weiß man inzwischen wieder voneinander.

Schon wieder: Führer gesucht

Unsere europäischen Nachbarn wollen heute, dass die Deutschen in der Krise Führung zeigen, ihrer Führungsrolle gerecht werden, weil unser Land als solider Anker gilt, weil die Hoffnung besteht, dass wir «es» hinbekommen. Moment mal: Für eine Führungsrolle bedarf es ja wohl eines Führers, und wenn wir eines gelernt haben, dann, dass das nicht gut ist. Die deutsche Bundeskanzlerin als Führerin aus der Krise? Fast siebzig Jahre haben die Deutschen mit ihrer sprichwörtlichen Gründlichkeit das Wort Führer aus ihrem Sprachschatz eliminiert.

Die verbliebenen Führer wurden zu Leitern oder Guides umge-schult; selbst der Bergführer ist heute ein Mountain Supervisor, der der Gruppe Routenvorschläge zur Diskussion stellt.

Wir wollen nicht führen, das sollen lieber andere überneh-men. Dabei wäre Führung gar nicht so schlecht, wenn sie ein gemeinsames Ziel hat. Aus Deutschland kommen indes immer wieder Vorschläge, die sich von einem gemeinsamen europäi-schen Ziel verabschieden. Zum Beispiel der für einen harten Nord- und einen weichen Süd-Euro, ein Austritt Griechenlands aus der Eurozone oder gar die Wiedereinführung der deutschen Mark bei uns. Im Moment schwirren viele unsägliche Ideen durch die Luft, die das Gegeneinander wiederaufleben lassen.

Jean-Claude Juncker gehört zu den Engagierten für ein eini-ges Europa. Er ist ein Freund klarer Worte: «Wer an Europa zweifelt, wer an Europa verzweifelt, der sollte Soldatenfried-höfe besuchen. Nirgendwo besser, nirgendwo eindringlicher, nirgendwo bewegender ist zu spüren, was das europäische Gegeneinander am schlimmsten bewirken kann.»

Zurück in die Zukunft

*Es ist ein großer Trost, andere dort scheitern
zu sehen, wo man selbst gescheitert ist.*

WILLIAM SOMERSET MAUGHAM

Europa ist einen langen Weg gegangen. Erst wurde es von den Griechen vorangetrieben, bald von den Römern. Auch wir Deutschen haben den Kontinent einmal gepuscht, dann waren Franzosen und schließlich die Briten dran. Jeder glänzte, wenn er glänzen konnte. Zwischendurch zogen sich Nationen aus der ersten Reihe zurück, verbrachten ein paar Jahrhunderte im Dornröschenschlaf, um zum gegebenen Zeitpunkt wieder von sich reden zu machen. Alles hat seine Zeit, und niemand kann immer in Topform sein.

Wer hier noch die Leistungen der Luxemburger, der Portugiesen, der Skandinavier oder der Litauer vermisst, dem möchte ich einen dezenten Verweis auf mein Buch «Smørrebrød in Napoli» geben, in dem jedem der jetzigen siebenundzwanzig EU-Länder und noch ein paar weiteren europäischen Ländern wie Kroatien oder Montenegro jeweils ein eigenes Kapitel gewidmet ist, gefüllt mit historischen Ereignissen, Schrullen und Liebenswürdigkeiten der jeweiligen Bewohner.

Es treibt mich um, dass heute die Erfolgsstory Europas in den Köpfen vieler Menschen als austauschbar angesehen wird. Als ich nach einem meiner Auftritte in der deutschen Provinz mit Wolfgang, dem örtlichen Kulturbeauftragten, einem freundlichen Herrn mit Rudolf-Scharping-Gedächtnis-Bart, ein Pils trank, wurden wir Zeugen eines heute typischen Gesprächs an der Bar. «Ich sag dir, wenn wir den Griechen noch mehr Geld hinterherschmeißen, gehen wir auch noch pleite», brummte ein Gast, der in einer Zeitung blätterte. «Auf jeden Fall», stimmte ein anderer zu und nippte an seinem Glas.

Die Uhr an der Wand tickte, als wollte sie in den Gesprächs-pausen die Spannung verstärken. «Was hat uns die EU über-haupt gebracht?», fragte der Erste wieder, ohne von seiner Zeitung aufzublicken, «nichts als Ärger.» Der andere Gast sah über sein Glas hinweg ins Leere. Mein Rudolf-Scharping-Dou-ble begann, etwas nervös auf der Eckbank rumzurutschen und rief dann rüber: «Die offenen Grenzen.» Der Mann mit der Zeitung schaute rüber. Ich wusste nicht, ob sie sich kannten, wahrscheinlich schon, alle, die ich an dem Tag im Taxi, im Hotel Garni und in der Kulturscheune kennengelernt hatte, waren entweder miteinander verwandt oder auf dieselbe Schule gegangen.

Wie dem auch sei, der Typ nahm einen Schluck Bier und sagte dann: «Die offenen Grenzen. Ja, gut. Aber abgesehen von den offenen Grenzen?» – «Den stärksten Binnenmarkt der Welt.» Der andere tat wieder so, als läse er und sagte dabei: «Is' klar, aber sonst?» – «Die gemeinsame Währung.» Jetzt nahm der Mann an der Bar seine Brille ab und fixierte uns: «Also, jetzt mal abgesehen von den offenen Grenzen, dem stärksten

Binnenmarkt der Welt und dem Euro, hat uns die EU irgendwas ...» – «Den längsten Frieden, den es bei uns jemals gab!»

Der Europäer an meinem Tisch hatte ihn unterbrochen,
aber der andere gab nicht auf und stöhnte: «Also gut. Die EU
hat uns die offenen Grenzen gebracht, das versteht sich ja von
selbst, den Binnenmarkt, den Euro und den Frieden.» Die Uhr
tickte. «Aber sonst?» Er wartete nicht mehr auf eine Antwort:
«Nichts als Ärger!»

Ich fühlte mich wie in der Szene von Monty Pythons Film
Das Leben des Brian, in der der Anführer der judäischen Befreiungsfront – oder war es die Befreiungsfront Judäa? Ich hab es
vergessen – seine Mitglieder gegen die Besatzungsmacht der
Römer entflammen will mit der Frage: «Was haben uns die
Römer gebracht?» Seinen Mitstreitern fällt dazu so einiges ein,
sehr zum Missfallen des Anführers, versteht sich. Die Liste
geht von den guten Straßen, den Wasserwerken, der Sicherheit
in der Öffentlichkeit bis hin zum Wein, den die Römer mit-
gebracht haben. Aber sonst? Nichts als Ärger!

Silvesterraketen auf Steuerfahnder

Momentan werden die eben genannten Errungenschaften
des gemeinsamen Lebens in Europa von den Problemen der
Griechen – und nicht nur der Griechen, sondern auch die der
Italiener und Spanier – überschattet. Bei der Einschätzung
ihrer Probleme wird stets ihre Wirtschaftskraft gemessen.
Aber wie misst man etwas so Komplexes wie die Wirtschaft
eines ganzen Landes? Indem man die Summe aller Dinge und
Dienstleistungen, die in einem Staat innerhalb eines Jahres

verkauft werden, zusammenzählt. Woher weiß man, was verkauft wurde? Anhand der Rechnungen, die für diese Waren und Dienstleistungen ausgestellt wurden. Der Staat kann aber nur die Rechnungen zählen, die versteuert wurden. Alles, was ohne Rechnung läuft, wird nicht erfasst. Und das kann eine ganze Menge sein: die Arbeit von Handwerkern, Putzleuten und Taxifahrern, Bestechungsgelder für Beamte bis hin zur Schwarzarbeit in der Gastronomie. Auf ein Viertel der Gesamtwirtschaft wird in Griechenland diese sogenannte Schattenwirtschaft geschätzt.

Inzwischen besuchen griechische Steuerfahnder Betriebe, um die Leute dazu zu bewegen, endlich Quittungen für ihre Leistungen auszustellen. Manches Mal erlebten sie dabei ihr blaues Wunder. Als sich auf der vor Athen liegenden Insel Hydra ein Restaurantbesitzer auch nach mehrmaliger Aufforderung weigerte, seinen Gästen Quittungen auszustellen, platzte den Fahndern der Kragen, und sie nahmen den Mann fest. Das war aber gar nicht so einfach, denn die Steuerfahnder wurden – wie überall auf der Welt – als unangenehme Gäste angesehen. Dies im Zusammenspiel mit dem Temperament der Griechen führte dazu, dass sich der Festgenommene lauthals beschwerte («Ihr wollt uns fertigmachen»).

Noch auf dem Weg zur Polizeistation hagelte es wüste Beschimpfungen von Familienmitgliedern, Stammgästen und Freunden des Restaurantbesitzers, und die Steuerbeamten atmeten erst auf, als sie im schützenden Gebäude angekommen waren. Etwas zu voreilig, wie sich bald herausstellte, denn der empörte Mob beschoss das Haus mit Silvesterraketen, warf Steine und Böller und kappte schließlich sogar die Stromleitung.

Ein Schiff, das vom Festland mit dem Auftrag kam, den verhafteten Steuerhinterzieher mitzunehmen und dem Staatsanwalt in Piräus vorzustellen, wurde ebenfalls so heftig angegriffen, dass es nicht anlegen konnte. Erst am Tag darauf konnten weitere Polizeikräfte für Ruhe sorgen. Und das alles nur, weil der Staat seine Bürger aufforderte, Quittungen auszustellen. Wo käme man denn da auch hin?

Anscheinend machen sich die griechischen Behörden erstmals dazu auf, genauer nachzuschauen. Und so fragen sie sich erst heute, wieso ein Gärtner mit einem angegebenen Einkommen von weniger als zweihundert Euro im Monat in der Lage war, über sechshunderttausend Euro ins Ausland zu überweisen.

Ein Bauer hatte gar sein gesamtes Jahreseinkommen mit knapp unter fünfhundert Euro gemeldet. Auf einem Kontoauszug fanden Ermittler eine Überweisung über zwölf Millionen Euro. Wenn er es geschafft hat, zweihundertvierzigtausend Jahre ein Zehntel seines kargen Lohnes zu sparen, läge eine solche Überweisung natürlich durchaus im Bereich des Möglichen.

Ließen diese Hellenen das ausgeprägte Schummeln sein, wäre bei ihnen ein Wachstum von fünfundzwanzig Prozent innerhalb eines Jahres möglich. Fünfundzwanzig Prozent! Das schaffen nicht mal die Chinesen.

Trotzdem, das Vorurteil: Deutsche zahlen Steuern, Griechen hinterziehen sie, beleidigt all jene Griechen, die ehrlich sind. Deshalb gehört es überwunden. Uli Hoeneß hat es geschafft. Er hat Europa in Sachen Steuerehrlichkeit ein gutes Stück zusammengebracht.

Taschenpfändung

Ich hätte in Sachen Kreditsicherheit eine Idee: Wäre es für den Kreditgeber nicht eine besonders vertrauenswürdige Geste, wenn die Pleiteländer die Kredite mit Grundstücken absichern würden? Hier böten sich vor allem einige der zahlreichen Inseln an. Unser Regenland könnte nichts besser gebrauchen als eigene Sonneninseln. Vor allem, wenn Spanien weiter taumelt, wäre der Ausblick auf den Verkauf von Mallorca ein großer Anreiz für weitere Hilfen. Natürlich würden auch bei einem Verkauf alle Privatgrundstücke Eigentum ihrer bisherigen Besitzer bleiben, aber trotzdem: eine eigene Insel! Die ist viele Milliarden wert, es würde also wirklich Geld in die marode Kasse kommen, und für uns wären Mallorca als 17. und Korfu als 18. Bundesland eine tolle Sache!

Wem das zu weit geht, könnte wenigstens mit Kulturerbe-Sponsoring Geld einsammeln. Bei Fußballstadien sind wir es gewöhnt, dass sie erst *AOL-Arena* heißen, dann wieder *Allianz-* oder *O2-Arena*, je nachdem, wer gerade die Namensrechte gekauft hat. Wenn die Griechen bereit wären, auf absehbare Zeit statt Akropolis *McDonald's Akropolis* zu sagen oder statt Rhodos *Apple Island*, flösse dringend benötigtes Geld wie von selbst. Aber mich fragt ja keiner.

Leider hat man sich im Gegensatz dazu etwas ausgedacht, das wirklich Anlass zum Zweifeln gibt: die sogenannte Schuldenbremse, das in die Verfassung aller Eurostaaten eingetragene Versprechen zur Begrenzung und Abbau der Schulden. Sie soll die Bereitschaft der Bevölkerung zu höheren Hilfsleistungen und das Vertrauen der Finanzmärkte in einen hohen Schuldenstand fördern. Das Paradoxe daran: Die Einführung der Schuldenbremse ist Voraussetzung dafür, neue Schulden zu machen. Wer also auf seinen Schuldenberg noch ein paar Milliarden neue Schulden drauftürmen möchte, muss vorher unterschreiben, dass er sich in Zukunft um die Begrenzung seiner Schulden bemüht. Das wäre in etwa so, als wenn ein Heroinabhängiger unterschreibt, dass er in Zukunft seinen Drogenkonsum verringern will und dafür einen neuen, noch größeren Drogenvorrat bekommt und mehr konsumieren kann als jemals zuvor.

Früher war alles besser

Ist es deshalb nicht zwecklos, das Geld der deutschen Steuerzahler in dieses oder andere europäische Geldgräber zu schmeißen? Ja, es ist sinnlos, sagte der Mann in der Kneipe, der schon mit der Frage «Was hat uns die EU überhaupt gebracht?» nur eine rhetorische Frage stellen wollte.

Doch die Frage, die der Titel dieses Kapitels aufwerfen soll, ist die, wohin die Reise eigentlich geht, wenn wir zurück in die Zukunft schreiten, wenn wir kehrt machen auf dem Weg. Daran dachte ich auch, als ich mit den Eurokritikern in der Kneipe saß.

Das Gespräch fand damals in einem kleinen Dorf in Franken statt. Wenn man am Ortsrand hinten in den Bus einstieg, musste man nur durch den Gang nach vorne gehen, wieder aussteigen – und schon befand man sich im Zentrum.

Franken gehört politisch zu Bayern, emotional sehen das viele Franken anders. Auf jeden Fall wurden sie bei der Gründung des Bundeslandes untergebuttert, denn das Bundesland heißt weder Franken-Bayern noch Bayern-Franken, und es gibt auch nur eine speziell bayerische Partei. Gerade aus dieser Partei, der CSU, kommen bis heute viele kritische Stimmen zu weiteren Integrationsschritten in Europa. Sind sie berechtigt? Schauen wir uns das doch einmal an einem Beispiel an, das dem Euroskeptiker in der Kneipe sicherlich gefallen würde: dem Bier.

Es existieren in Bayern so viele gute Brauereien, dass es überhaupt keinen Grund gibt, warum die Menschen in den Kneipen auch *Budweiser Budvar* aus České Budějovice in Tschechien bestellen sollten. Nichts anderes als ungeliebte Konkurrenz ist das. Früher gab es wenigstens noch Schutzzölle auf fremde Biersorten, und die machten das Importgebräu so teuer, dass die Menschen lieber zu einheimischen Sorten griffen. Ist doch eh besser, denn jedes Fass heimisches Bier, das von den Menschen daheim getrunken wird, sichert Arbeitsplätze daheim. Das ist ökonomisch vernünftig und stärkt die Heimat – um mal die Argumente der Eurogegner zu Ende zu denken. Insofern ist das Gesabbel vom angeblich so tollen Binnenmarkt der EU mit fast fünfhundert Millionen Konsumenten höchst fragwürdig. Und nach einem hellen *Flötzinger* kann man auch mal Tacheles reden: Im Grunde wäre es auch besser, wenn man die Schutzzölle auf das *Beck's* aus Bremen, *Jever* aus Friesland und Kölsch erheben würde. Wer braucht schon diese Gesöffe?

Was ökonomische Weisheiten betrifft, machen die meisten Menschen gedanklich eine Rolle rückwärts, so wie bei diesem Bierbeispiel. Wer deutsche Autos fährt, stärkt die heimische Wirtschaft, ist schon klar, aber wer die Konkurrenz aus China oder Süd-Korea behindert, macht genau das, was Louis XIV im 17. Jahrhundert getan hat.

Eine andere dieser «Weisheiten» besagt, dass Griechenland wieder konkurrenzfähiger würde, führte es erneut die Drachme ein, um seine eigene Währung abwerten zu können.

Wenn diese Theorie stimmte, wäre es auch eine gute Idee, die Drachme im Saarland und in Bremen einzuführen. Für strukturschwache Regionen im Osten Deutschlands wie Mecklenburg-Vorpommern böte sich die Ostmark an. Gleichzeitig könnten sich Kleinstaaten wie die Freie und Hansestadt Hamburg überlegen, sich mit Hilfe von Minisätzen zu Steuerparadiesen à la Monaco zu machen, um Kapital anzuziehen.

Am Ende müsste man dann zwischen Flensburg und München wieder einundzwanzigmal den Pass zeigen. Egal, ist doch eh immer Stau, da kann man auch mal kurz die Papiere hochhalten, oder?

In anderen Zusammenhängen als monetären würde man solche Forderungen nach Rückbesinnung auf das Althergebrachte als absurd abtun. Oder gibt es irgendjemanden, der sich freuen würde, wenn jedes Bundesland seinen eigenen Standard für DVD-Abspielsysteme hätte, die Regeln für Fußball in jedem Dorf anders wären und das Benzin im Sauerland anders gemischt würde als im Taunus? Doch genau das würde das Ende der Harmonisierung der Euromärkte bedeuten.

Schwäbisch wird Amtssprache

Welche Auswüchse eine allzu unhinterfragte Rückbesinnung auf das Alte haben kann, lässt sich in Spanien erkennen. Spanien ist ein Nationalstaat. Die Amtssprache ist Spanisch (Kastilisch/castellano). Diktator Franco sorgte dafür, dass Kastilisch (Hochspanisch) einst in ganz Spanien gesprochen wurde, indem er alle anderen Sprachen einfach verbot. Jetzt erstehen sie wieder auf, zusammen mit der regionalen Kultur.

In einer ganzen Reihe von autonomen Regionen gibt es inzwischen andere Amtssprachen, z.B. Katalanisch (català), das man nur im Südosten des Festlandes spricht, in Katalonien.

Auf Mallorca wiederum spricht man Mallorqui, was wiederum ein Dialekt des Katalanischen ist. Ich kenne Kinder auf der Insel, die als erste Sprache mit der Lehrerin diesen Dialekt lernen. Das wäre kein Problem, wenn man wie vor hundert Jahren auch den Rest seines Lebens auf der Insel als Schafhirte verbringen würde. Doch heute gibt es eine Fähre nach Barcelona, und schon dort sprechen die Menschen anders. Wer auf Mallorca mit dem Abschlusszeugnis in der Tasche aufbricht, um in Madrid zu studieren, muss dies in einer ihm fremden Sprache, dem Hochspanischen, tun. Vielleicht versteht er auch gar nichts – und das in der Hauptstadt des eigenen Landes!

Der eigenen Jugend das Studium in Madrid und Barcelona zu verbauen ist schon ein starkes Stück. Auch deutsche Studenten, die jahrelang Spanisch gelernt haben und zu einem Semester nach Barcelona reisen, müssen feststellen, dass sie kein Wort des Professors verstehen.

Früher prägten die Hirten das Leben auf Mallorca. Von der Hauptstadt Palma in Richtung Osten trifft man alle dreizehn Kilometer auf eine Stadt: zunächst auf Llucmajor, dann auf Campos, danach auf Santanyi. Warum? Weil ein Hirte immer dreizehn Kilometer am Tag mit der Herde zurücklegen konnte und sich so über die Jahrhunderte hinweg an diesen Stellen Unterkünfte herausbildeten. Hinter Santanyi kann man seine

Herde nur noch über das Steilufer ins Meer treiben und herabstürzen lassen. Und jetzt stürzt die Jugend in das neue Bildungsloch.

Tatsächlich wird z.B. das Wort für Wasser (aqua) alle dreizehn Kilometer anders ausgesprochen. Unvorstellbar? Das war bei uns vor ein-, zweihundert Jahren auch so: Die Dialekte waren so stark ausgeprägt, dass ein Ostfriese eher Briten verstand als Berliner; ein Bayer konnte sich wiederum in Berlin kaum verständlich machen, und Rheinländer verstand schon in Hannover niemand mehr. Dank einheitlicher Schriftsprache, Hochdeutsch in der Schule und nationalem Radio und Fernsehen sind diese Unterschiede zu Folklore geworden – und das ist meiner Ansicht nach gut so. Dialekte können ein schönes Hobby sein und zum Heimatgefühl beitragen, das unterschreibe ich sofort. Aber: Eine wesentliche Funktion von Sprache ist, sich mit anderen Menschen verständigen zu können. Je mehr Menschen dieselbe Sprache sprechen, desto besser. Deshalb kann ich auch das Bedauern der Sprachforscher darüber nicht verstehen, dass jedes Jahr zehn Sprachen aussterben. Bei weltweit sechstausend Sprachen blieben also noch sechshundert Jahre, bis es nur noch eine einzige gibt.

Um den Sprachwahnsinn perfekt zu machen, forderte die lokale Regierung auf Mallorca, dass die Flugzeugcrews beim Anflug des Flughafens in Palma de Mallorca die Ansagen nicht nur in Englisch, sondern auch auf Mallorqui machen müssen. Wenn sich dieser Trend durchsetzt, sitzen wir demnächst beim Anflug auf Stuttgart im Airbus und hören über Lautsprecher: *«Liebe Passagiere, mir fanget jetz mitm Singflug auf Schduddgard a. Mir mechtet Sie bidda, ihre Riggalähna in a aufrechte Positio*

zom brenga ond die Waschräum nemme aufzomsucha. Bidde blei-
bet Sie ohgschnallt, bis die Ohschnallzoicha aufghert hend zom
leuchta.»

Yes we can

Niemand in Europa kann die siebenundzwanzig Amtssprachen
lernen. Aber je mehr, desto besser. Das Problem beim Spra-
chenlernen in der Schule ist: Der Unterricht kann einem echt
die Lust an Sprachen vermiesen. Das liegt daran, dass einige
Lehrer ihre ganze Energie darauf verwenden, den Schülern
z.B. den komplizierten französischen Konjunktiv beizubringen,
den selbst Franzosen kaum benutzen, anstatt mit den Kindern
sprechen zu üben. Ich hatte an der Schule jahrelang Französisch und mich nie getraut, es auszuprobieren. Am Ende habe
ich es gehasst.

Heute spreche ich es ganz formidable – wie konnte das
passieren, noch dazu ohne Lehrer? Was man vernachlässigen
kann, ist als Erstes die Grammatik, vor allem das Conditional II.
Was man dagegen braucht, ist ein Riesenhaufen Vokabeln. Jeder
Gegenstand in meiner Wohnung, den ich nicht auf Französisch
benennen konnte, bekam ein *Post it*-Zettelchen mit seiner französischen Übersetzung aufgeklebt. Das Geschirr in der Küche,
die Klamotten im Schrank, der gesamte Inhalt der Werkzeug-
kiste, ja, selbst auf dem Rückspiegel in meinem Auto klebte
eine Zeitlang der Hinweis *rétroviseur*. Mein Anreiz: Ich wollte
in Frankreich nicht länger zum Taubstummen mutieren, wollte
mich mit den Freunden und der Familie meiner Frau verständigen können, und – es hat geklappt!

Vor allem ist es unglaublich wichtig, Alltagsbegriffe zu kennen. Einer meiner Kabarettkollegen hat sein Herz an eine Italienerin verloren und zog voller Zuversicht in die Toskana. Für ihn kein Problem, er hatte Italienisch studiert, kannte sich mit Geschichte und Kultur des Landes besser aus als die einheimischen Nachbarn und fühlte sich für alle Situationen gewappnet. Bis zu dem Tag, an dem er sich von einem dieser Nachbarn eine Schaufel leihen wollte. Was zur Hölle hieß Schaufel auf Italienisch? Es ist zwar toll, wenn man in einer Fremdsprache sagen kann: «Es freute mich sehr, wenn Sie mir ein Schaufel liehen» und dabei zweimal den korrekten Konjunktiv benutzt, wenn Sie allerdings nur den korrekten Konjunktiv parat haben, Ihnen aber das Wort Schaufel fehlt, ist alles für die Katz. Dagegen ist es ohne weiteres möglich, einfach zum Nachbarn zu gehen und mit freundlicher Miene zu fragen: *«Pala?»* Schaufel? Der Nachbar wird nicken, eine Schaufel aus dem Schuppen hervorkramen, und dann radebrecht man halt übers Wetter. Warum sollten wir es nicht schaffen, Französisch oder Italienisch zu lernen? Was Schaufel heißt, wissen wir jetzt schon mal. Wenn wir die Sprachen nicht knacken, können wir die anderen nie richtig kennenlernen. Und wenn wir uns nicht aufmachen, unsere europäischen Nachbarn kennenzulernen, werden wir nie Verständnis für sie aufbringen können.

Gerne möchte ich jemanden zu Wort kommen lassen, der zu diesem Thema schon vor langer Zeit auch heute noch Taufrisches gesagt hat. Auf unser Leben in Europa bezogen könnte man es nicht besser auf den Punkt bringen:

Viel zu spät begreifen viele
Die versäumten Lebensziele:
Freude, Schönheit, die Natur,
Gesundheit, Reisen und Kultur.
Darum Mensch sei zeitig weise!
Höchste Zeit ist's! Reise, reise, reise!
    Wilhelm Busch

Alles wird gut mit Mut

Das ist ja alles schön und gut – aber warum sollten wir eigentlich versuchen, ein besseres Europa zu bauen? Wir Deutschen sterben doch eh bald aus. Bei anhaltender Geburtenrate (genau genommen heißt die Zahl Fruchtbarkeitsrate) von durchschnittlich 1,4 Kindern pro Frau in unserem Land schrumpft jede Generation um fünfundzwanzig Prozent. Wissenschaftler haben schon mal eifrig ausgerechnet, dass der letzte Deutsche in zweihundertachtundachtzig Jahren das Licht ausmachen muss, wenn man mal davon ausgeht, dass es keine Zugereisten geben wird. Hoffen wir also, dieser letzte Deutsche ist Hausmeister von Beruf, dann kann er überall noch mal nach dem Rechten sehen, alle Türen abschließen und das große Schlüsselbund mit ins Grab nehmen.

Tatsächlich sind die niedrigen Geburtenraten nicht nur bei uns, sondern im Großteil Europas ein Problem. Idealerweise müssten sie bei zwei Kindern oder etwas mehr liegen, dann bliebe die Bevölkerung in etwa gleich groß. Aber das schafft in der EU kaum ein Land.

Deswegen zerbrechen sich die Politiker den Kopf, wie man

die Menschen animieren kann, Kinder zu bekommen, nicht ohne in den Diskussionen darüber darauf zu verweisen, dass die Geburtenrate 1964 noch bei 2,5 Kindern lag.

Dafür gibt es viele Gründe, einer der wichtigsten ist sicherlich die großflächige Einführung der Antibabypille nach 1964, die den Frauen erstmals die Möglichkeit gab, Schwangerschaften selbst zu steuern. Vorher kamen häufig Kinder zur Welt, die so eigentlich nicht geplant waren, selbst wenn sie später geliebt wurden, Goldmedaillen gewannen oder Ministerin werden konnten.

Eigentlich eine tolle Nachricht, wenn heute fast jedes Kind quasi ein Wunschkind ist. Leider stehen Kinder heutzutage nicht so oft auf dem Wunschzettel wie es nötig wäre, damit Europa nicht schrumpft wie ein Ballon, aus dem die Luft entweicht.

Was also tun? Was machen vergleichbare Länder mit vorbildlichen Geburtenraten anders? Die Amerikaner bekommen im Schnitt über zwei Kinder. Und das bei weit weniger Förderung, als wir sie aus Deutschland kennen. Die Antwort klingt ungewohnt für deutsche Ohren: Die Amerikaner blicken optimistischer und hoffnungsfroher in die Zukunft und mögen das Leben mit Kindern.

Von Amerika einmal abgesehen befinden sich überwiegend zerrüttete Staaten unter den Staaten mit den höchsten Geburtenraten – Gegenden, die sich im Bürgerkrieg befinden, bettelarm sind oder beides. Sicher ließe sich die Geburtenrate mit einem totalen Zusammenbruch Europas steigern: Wenn die Rentenkasse dichtmacht und die Riesterfonds geschlossen werden, bleiben nur noch die eigenen Kinder, die einen durchfüttern können.

Eine andere Möglichkeit wäre, wieder eine Diktatur einzuführen: Hitler verbot 1943 Abtreibungen und ahndete sie mit
der Todesstrafe, gleichzeitig forcierte er ein Mütterideal und
ehrte die besonders Kinderreichen unten ihnen. Ceauşescu
verbot später in Rumänien Verhütung ganz und schrieb jeder
Frau vor, mindestens vier Kinder zu bekommen.

Da das niemand wirklich wollen kann, bleibt es hierzulande
also bei den hochanständigen, leider aber unwirksamen Versuchen, mit Hilfe von Kindergeld, Erziehungszeit, Elterngeld
und neuen Betreuungsmöglichkeiten die Gebärfreude der
Frauen zu steigern.

Bei allen Diskussionen und eingeleiteten Maßnahmen um
Kinderkriegen und Co. wird allerdings häufig übersehen, dass
für eine Schwangerschaft nicht nur eine Frau, sondern meist
auch ein Mann benötigt wird. Schon die Fixierung der Geburtenrate auf so-und-so-viele Kinder *pro Frau* blendet das Problem
Mann aus. Es wäre in der Tat erhellend, die Geburtenrate einmal auf die Männer auszurechnen. Wie viele Kinder kommen
auf sie im Schnitt? Dass Männer auch mit mehreren Frauen
Kinder bekommen können, ist unerheblich, auch Frauen können Kinder von mehreren Vätern bekommen. In den allermeis-
ten Fällen bekommen Frauen mit dem Mann ein Kind, den sie
lieben und mit dem sie die Kinder auch aufziehen wollen.

Oft wird Frauen unterstellt, sie würden keine Kinder bekommen, um sich mit all ihrer Zeit und Kraft dem Beruf widmen
zu können. Sicher mag es auch das geben. Aber die Gruppe der
Frauen, die gerne eine Familie gründen würden und keinen Kerl
finden, der ebenfalls einen Kinderwunsch hegt, ist so relevant
groß, dass es sich einmal lohnen würde, darüber nachzuden-
ken, warum eigentlich die Männer keine Kinder wollen.

Geburtenförderung durch Stromausfall

Ich hätte ja einen ganz wunderbaren Vorschlag, wie man kostengünstig und sogar klimaschonend die Geburtenrate steigern kann, um unseren Kontinent auch längerfristig besiedelt zu halten: Man muss im Winter einfach nur – ohne Ankündigung natürlich – den Strom abstellen. Was abstrus klingt, hat sich in der Realität, wenn auch ungeplant, als hochwirksam erwiesen: Im Jahr 2005 fiel im Münsterland am ersten Adventswochenende der Strom aus. Fernseher und Computer funktionierten nicht mehr, und selbst ein zuvor noch prall aufgeladenes Handy taugt nicht zum Telefonieren, wenn der nächste Sendemast keinen Saft hat. Also bleibt einem nichts anderes übrig, als sich zu unterhalten, was für viele Paare schon mal eine schöne Abwechslung ist. Weil es Winter und kalt war, musste man bei romantischem Kerzenlicht ohne Entertainment von außen zusammen unter wärmende Decken kriechen. Und so kuschelte eine ganze Region vor sich hin, und siehe da: Rund neun Monate später druckte der Drucker des Statistischen Landesamtes ganz erstaunliche Geburtzahlen aus.

Und wenn dann die ganzen neuen, kleinen Europäer da sind, müssen wir ihnen in jedem Fall einen wichtigen Rat geben: Sie sollten nie wieder einem Mann ein politisches Amt anvertrauen, der kleiner ist als 1,70 m. Da liegt die Grenze, unterhalb derer selbst gewählte Präsidenten leicht zu Diktatoren werden: Gerhard Schröder schafft es mit 1,74 Meter gerade noch in den zivilisierten Bereich, aber schon sein lupenreiner Demokratiefreund Putin liegt mit 1,70 Meter an der kritischen Grenze. Man fragt sich tatsächlich, was das für ein System ist, mit dem er in Russland herrscht: Demokratie, Oligarchie, Putinkratie?

Kleinere Politiker haben viel Unheil angerichtet. Hitler war 1,67 Meter, Stalin 1,65 Meter, genauso groß ist übrigens Nicolas Sarkozy, doch dank zehn Zentimeter hoher Absätze gelangte er in den Demokratiebereich. Silvio Berlusconi ist 1,64 Meter groß und ein Mediendiktator. Napoleon kam nur auf 1,53 Meter. Die großen Demokraten waren dagegen allesamt größer: Konrad Adenauer und Willy Brandt ragten beide über 1,90 Meter in die Höhe. Kohl kommt sogar auf 1,93 Meter – auch sitzend!

Die Vereinigten Staaten von Europa

Ich für meinen Teil hoffe nach dem Blick auf all die Errungenschaften und positiven Seiten der Geschichte, dass wir das europäische Projekt nicht gegen die Wand fahren werden. Sollte es doch so weit kommen, halte ich hier fest – ich bin nicht schuld! Ich war fürs Zusammenwachsen!

Mein Traum ist, dass ich noch die Gründung der Vereinigten Staaten von Europa erleben werde. Klingt doch gut: the United States of Europe, les États-Unis européens. Für mich sind sie eine hoffnungsvolle Vision, kein Schreckgespenst. Wenn es 314 Millionen Nordamerikaner, allesamt Kinder von unzähligen europäischen und anderen Nationen, schaffen, in Vereinigten Staaten zu leben, warum nicht die 502 Millionen Europäer der jetzigen EU, und auch gerne noch ein paar nette Europäer mehr? Selbst wenn die inzwischen zur Vernunft gekommenen Isländer mitmachten, Norwegen und Kroatien, wären die USE mit dreißig Staaten noch übersichtlich im Vergleich zu den USA mit fünfzig Staaten.

Es muss natürlich ein demokratisches und föderalistisches

Europa sein, ganz so, wie unsere gute alte Bundesrepublik aufgebaut ist. Im Grunde würde sich für uns nicht mal viel ändern, nur dass dieses bewährte Prinzip auf ein Europa der Regionen ausgeweitet wird. Wie sieht es denn jetzt aus?

Wir leben zunächst in einer Kommune. Hier kennen wir jeden Schleichweg, die besten Badestellen und wissen, wo man wirklich gut essen gehen kann. Diese Kommune hat in den Vereinigten Staaten Europas wie heute eine Bürgermeisterin, einen Bezirksbürgermeister, wie auch immer.

Außerdem wohnen wir in einer Region, im Moment nennen wir sie noch Bundesland. Auch diese Region prägt stark unser Selbstverständnis, schließlich werden wir, kaum dass wir etwas weiter gereist sind, als Bayern, Berlinerinnen oder Rheinländer wahrgenommen.

Und schließlich gibt es noch unser Land, den deutschen Staat mit seiner Regierung in Berlin und den Politikern, die uns so gerne auf den Wecker gehen. Auch das würde sich nicht ändern. Was sich ändern würde, ist das, was darüber kommt und was jetzt noch sehr undemokratisch ist. Die jetzige «EU-Regierung», auch wenn sie sich nicht so nennen mag, ist die Kommission, die eben nicht direkt vom Volk gewählt wird, sondern in die jede nationale Regierung einen EU-Kommissar schickt. Meist handelt es sich dabei um Politiker, für die man daheim keine Verwendung mehr hat.

Das ist doch kein Zustand! Die Besten sollten nach Europa gehen, nicht Vorruheständler und Parteifreunde, die man loswerden will. Aber vielleicht wird der Traum im – sagen wir einfach mal – Jahr 2022 Wirklichkeit. An einem freundlichen Sonntag im September, in dem es nur in Irland ein bisschen regnet, schreiten die Europäer zu den Wahlurnen. Inzwischen haben sich die bis dato nationalen Parteien zu europäischen Parteien zusammengefunden, die Unterschiede waren eh nie groß, und so hat man auf dem Wahlzettel die Möglichkeit, sein Kreuz bei den Konservativen zu machen, bei den Sozialisten, die bei uns Sozialdemokraten heißen, bei Grünen oder Piraten und einigen erfolgreichen neuen Parteien wie den Föderalisten oder den Vegetariern. Die neuen Abgeordneten nehmen auf den Stühlen im Europäischen Parlament Platz, das jetzt endlich den Präsidenten wählen darf. Es wird eine Präsidentin. Ein Bündnis aus drei Parteien erreicht die absolute Mehrheit. Sie würden eine echte Regierung stellen, da sie die meisten Stimmen der Europäer für sich gewinnen konnten. Das wäre mal wirklich demokratisch.

Was Macht mit uns macht

Wenn wir uns einig sind, dass alle Macht vom Volke ausgehen soll, ist das Wichtigste geklärt. Wir haben ja inzwischen einige Regierungsformen in Europa ausprobiert, so einige hatten ihre Chance, und fast alle haben sie verpatzt: Als die längste Zeit Könige regierten, stopften sie sich die Taschen bis zum Platzen voll, während alle anderen durch den Schlamm kriechen mussten. Als die Kirche das Sagen hatte, stopften sich Bischöfe, Kardinäle und der Papst die Taschen bis zum Platzen voll. Als Grundbesitzer alle Macht in den Händen hielten – und wo sie sie heute noch haben, hat sich das nicht geändert –, stopften sich Junker und Plantagenbesitzer und heute Lebensmittelkonzerne ebenfalls das Geld in die Taschen. Wenn die Märkte die Macht haben, stopfen sich Investmentbanker, Fondsmanager und Bankvorstände das Geld in Taschen, Villen, Autos und Yachten, und die einfachen Leute verlieren ihre Jobs und Häuser.

Aber selbst die kleinen Leute haben ihre Chance vergeigt. Das Scheitern der proletarischen Revolution 1918 ist besonders peinlich, denn endlich – zum ersten Mal in der europäischen Geschichte – übernahmen die einfachen Leute, die Arbeiter, die Macht. Innerhalb kürzester Zeit lebten die Menschen aber unfreier denn je.

Macht korrumpiert, und wer auch immer sie bisher allein ausübte, konnte, das beweist der Blick in die Geschichte, nicht mit ihr umgehen. Deshalb ist Machtbegrenzung bzw. Machtverteilung das Beste, was man tun kann. In diesem Zusammenhang sind die Rücktritte des Bundesverteidigungsministers zu Guttenberg und auch des Bundespräsidenten Christian Wulff ein Sieg der Republik mit ihren Regeln, an die sich alle halten müssen.

Andere finden unser Europa anscheinend fortschrittlicher, trauen ihm mehr zu als wir selbst. Nur so lässt sich die Überraschung der meisten Europäer erklären, als zuletzt die EU den Friedensnobelpreis aus Norwegen erhielt. Aber sie hat ihn sich redlich verdient. Es sollte nur die Frage erlaubt sein, warum die Norweger, wenn sie der Meinung sind, dass die EU so unvergleichlich Gutes tut, nicht einfach unserem Club beitreten?

Wir haben es in der Hand, die Dinge in Europa zum Guten zu wenden. Unvorstellbares ist möglich, und Unvorstellbares ist schon passiert. Es ist wiederum Steven Pinker, der sich fragt, was wohl Studenten gesagt hätten, wenn ihnen Ende der siebziger Jahre jemand prophezeit hätte, dass sich in zwanzig Jahren die USA und die Sowjetunion darauf einigen würden, die meisten Atomraketen abzubauen, und dass die Teilung Europas friedlich überwunden würde. Tja, was hätten sie wohl gesagt?

Die Veränderung zum Guten der für unveränderbar gehaltenen Dinge lässt hoffen, dass in Zukunft noch Erstaunliches passieren kann, wenn wir nur den Mut haben, es zu tun. Napoleon wollte Kaiser werden, also setzte er sich die Krone kurzerhand selber auf. Das können wir auch. Und wenn es im europäischen Getriebe so hakt wie im Moment und man in schwachen Stunden nicht mehr an eine Erfolgsgeschichte des Kontinents glaubt, dann hilft der Satz des besonders lässigen Oscar Wilde: «Am Ende wird alles gut. Und wenn es nicht gut ist, dann ist es noch nicht das Ende.»

Was Europa den Deutschen zu verdanken hat:

Die Rettung Europas in den zehner Jahren des 21. Jahrhunderts
Gutes Bier
Kindergarten
Solidarität
Porsche 911er
Gemütlichkeit
Vollkornbrot
Den Mittelstand
Schrippen!
Windmühlen, die viel Strom erzeugen
Derrick
Raster-Tunnelmikroskop
Oktoberfest
Riesling
Solide Finanzen
Bausparkassen
Frieden
Käfer
Weltschmerz
Berlinale
Den Rheingau
Spendenfreude
Das Wattenmeer

Bildnachweis

Tafelteil Seite 1

Neue griechische Drachme: Sebastian Schnoy

Kabul 2013: Sebastian Schnoy

Tafelteil Seite 2

«Nie wieder dürfen wir einem Mann ein politisches Amt
geben, der kleiner ist als 1,70 m»: Sebastian Schnoy

Handabdrücke: Sebastian Schnoy

Tafelteil Seite 3

Lage Großbritanniens, politische Karte: Sebastian Schnoy

Tafelteil Seite 4

Urmensch im Auto: Sebastian Schnoy

Straße: Sebastian Schnoy

Tafelteil Seite 5

Eichenbaumrinde: Sebastian Schnoy

Hamburger Außenalster im Winter: Sebastian Schnoy

Tafelteil Seite 6

Kleopatra: Sebastian Schnoy

Ballon: Sebastian Schnoy

Tafelteil Seite 7

Burg und Weltkugel: Sebastian Schnoy

Französische Revolution: Sebastian Schnoy

Tafelteil Seite 8

Mobilmachung von 1914: Otto Haeckel, picture alliance/
akg-images

Lampe: Sebastian Schnoy

Tafelteil Seite 9

Haus: Sebastian Schnoy

Tafelteil Seite 10 und 11

«Europa verliebt – Europa verheiratet»: Sebastian Schnoy

Kniefall Willy Brandt: picture alliance/dpa

Bruderkuss Michail Gorbatschow und Erich Honecker:
Wolfgang Kumm, picture alliance/dpa

Helmut Kohl und François Mitterrand Arm in Arm:
Philippe Bouchon, picture alliance/dpa

Valéry Giscard d'Estaing und Helmut Schmidt:
Andreas Altwein, picture alliance/dpa

Willy Brandt und Georges Pompidou:
Heinrich Sanden, picture alliance/dpa

Helmut Kohl und François Mitterrand in Verdun:
Wolfgang Ellmes, picture alliance/dpa

Gerhard Schröder und Jacques Chirac:
Michael Hanschke, picture alliance/dpa

Angela Merkel und François Hollande:
picture alliance/dpa

Tafelteil Seite 12

Führerraum: Sebastian Schnoy
Sebastian Schnoy mit Globus: Sebastian Schnoy

SEHEN SIE SEBASTIAN SCHNOY LIVE MIT DEM KABARETTPROGRAMM ZU DIESEM BUCH.

«Politisch erfrischend unkorrekt.» FAZ

Termine und Orte finden sich unter:
www.schnoy.de

WEITERE BÜCHER VON SEBASTIAN SCHNOY

Smørrebrød in Napoli – *ein vergnüglicher Streifzug durch Europa*

«Ein amüsanter und treffender Blick auf die Geschichte Europas und eine Liebeserklärung an seine bunte Völkerschar.» Prof. Dr. Guido Knopp

Heimat ist, was man vermisst – *eine vergnügliche Suche nach dem deutschen Zuhause*

Warum ist es eigentlich typisch deutsch, nicht typisch deutsch sein zu wollen? Schnoys Expedition zur nationalen Identität der deutschen, von frühen Vögeln bis zum Feierabend. Heimat ist zuhause unsichtbar.